若い読者のための仏教

フランク・ライナー・シェック
マンフレート・ジェルゲン
中 山　典 夫 訳

中央公論美術出版

Buddhismus
by
Frank Rainer Scheck
Manfred Görgens

Japanese translation by Norio Nakayama
Published 2006 in Japan by Chūō-Kōron Bijutsu Shuppan Co.,Ltd
ISBN978-4-8055-0531-1

口絵　スコタイの巨大なブッダ像の手の前に立つタイの僧。

目　次

若い読者のための仏教

はじめに

この小さな本で世界的な宗教のひとつを紹介することは適当だろうか。二五〇〇年にわたる精神の高度展開を、このような小さな冊子にまとめることができるのだろうか。これは、著者がこの書の執筆の依頼を受けたときの疑問でした。しかし著者は、自身がはじめてのアジア旅行のさい、目の前に立ちはだかる未知なる絶壁、仏教という大いなる精神世界に挑むことへの何かの手がかり、基本となる解説書はないものかと懸命にさがし求めたことを思い出しました。

図１　汚れなきもののシンボル蓮華は、サムサーラ〔輪廻〕の泥土からたぐいない純粋さをもって咲き出る。その芯は世界の軸であり、花びらはその芯から四方八方へとひろがる。

そしてけっきょく、北インドのひとりの賢者の教えからはじまり、やがてそのインドから、南および東アジアの広い範囲の人びとのこころに刻み込まれ、そして今日なお強い影響を及ぼしつづけているこの大宗教の大筋の流れを、仏教学の最新の研究に基づいて解説することは、けっして無駄ではないという結論にいたりました。ですから、すでにその歴史を知っているひと、あるいは厳密な学問的研究を望むひとには、疑いもなくこの書はふさわしいものではありません。ただ大いなる絶壁に果敢に挑もうとする初心の方の手がかりになればと期待するのです。

しかし次のふたつの点は、専門の方々の気になることではないでしょうか。そのひとつは、テクストに並ぶ図がかならずしもテクストの内容と一致してないことです。それは、のこされたものからの推測ですが、初期の仏教が図像というものをもたなかったことによります。いやそれよりも、哲学的な形を超えた諸問題を図解しようという企てが、もともと無謀なのかもしれません。

そのふたつは、特殊な概念をあらわす専門的なことばの表記です。個々に高度な文化と固有の言語をもつ広大な地域に形成された、意味の深長な抽象概念を現代のひとつの言語であらわすことなど、とうてい無理なことなのです。そこでこの書では、むずかしい専門用語の引用はできるだけ避け、いくつかの特殊なことばを、パーリ語・サンスクリット語の原子母でなく原語の発音に可能な限り忠実にラテン文字（ここではカタカナ—訳者註）で表記することにとどめました。専門家の賛辞よりも、初心の方の理解をもとめたのです。

仏教は生きています。灼熱の落日は、明朝には清浄な精神のきらめきとなって、ふたたび昇るのです。

一九九九年二月

著　者

仏教という宗教のあらわすもの、それは美しい夕ぐれ、完成された甘美と穏やかさ
うしろにしたすべてのものへの感謝、欠けるものも計算に入れて
苦いおもい、絶望、いかり、そして最後に、高貴なたましいの愛
うしろには洗練された哲学の議論、たとえいまは休んでいても
しかしそれからはなお、精神のきらめきと落日の灼熱

フリードリヒ・ニーチェ『権力への意志』より

一　ブッダ以前

ヴェーダとカースト

インドとの国境近く、ヒマーラヤ山脈から突き出たひとつの山塊のふもと、ネパールの巡礼地ルンビニー、ブッダの誕生の地、そこに立つ磨かれた砂岩からなる一基の円柱には、つぎのような刻文をよむことができる。「神に愛された王プリヤダルシーは、玉座について二十年後みずからこの地をたずね、この地に敬意を表した。なぜならここに、シャーキャ族の出の高貴な方、賢い方はお生まれになったから。」〔図2〕

紀元前三世紀、ブッダの教えに帰依したプリヤダルシー、世間にはアショーカとして知られる王は、勅令を発して仏教を奨励した。たしかにそれは、ひとつの小さな宗教結社の教説が全インドに、そしてやがてはアジアのほとんどの地に、ひろがり行くことに大きく貢献した。しかしたましいの革命のこの成功は、がんじがらめの因習や硬直した教義からの解放をもとめる時代の要請へのこたえでもあった。

図2　アショーカ王の円柱。ルンビニー。

がんじがらめの因習や硬直した教義、それはヴェーダの信仰で代表されていた。アーリア人侵入後の早い時代、三三の

図３　盲目のバラモンと手に聖遺物箱をもつ若い苦行者。粘板岩。ガンダーラ出土。紀元後２世紀頃。

神々の存在が信じられ、生け贄がささげられていた。祈りでもって望む神を儀式の場に呼び降ろす神官は、社会で特別な地位を享受し、やがてその地位をあまりにも高め、そして乱用した。この神官（バラモン）のほかにも階級（ヴァルナ）が生まれた。しかし戦士の階級（クシャトリア）、商人、職人、農民の階級（ヴァイシュヤ）は、宇宙についての「知識」（ヴェーダ）を自身でもつことはできなかった。神官たちはそれを伝える聖典や詩文を秘密にしていた。

> 「仏教について真に正しく語ることは、不可能である。その理由は、仏教自身にある。その不可能が可能にされれば、そのときはじめてわたしたちは、仏教の大きさを想像することができる。仏教は、それについて語ることば以上に、それについて黙することばのなかに現われる。」　ハインリッヒ・ツィンマー『ヨーガと仏教』より

カルマとサムサーラ

侵入者のアーリア人に征服された土着の民族は、生まれながらにして使用人（シュードラ）に位置づけられ、あるいは不可触民（パーリア）として社会から締め出された。それは逆らうことのできない運命であり、その運命の正当化も準備されていた。ひとつの生きものがその死後、神々のすまう天に昇るか、あるいは地獄に堕ちるか、それは今の生き方の責任である。今の生き方は宿命的につ

ぎの生き方のためにあるというのだ。誕生〈ジャーティ〉、生涯、人間であること、あるいは動物、そしてあるいは神としての存在、この世での苦しみ、あるいは幸福、それらすべては偶然でない。すべては、今の生涯のあいだでは変えることができない、とヴェーダは教える。過去の善きあるいは悪しき行為〈カルマ〉〔業《ごう》〕の集積が、つぎの生涯をきめるというのである。ジャーティ〈誕生〉は、インド社会のキーワードとなった。再生、生まれかわりは逃れられないのであり、それは、「永遠の循環」〈サムサーラ〉〔輪廻《りんね》〕のなかでいつまでも報酬をもとめるかつての生き方の結果なのである。このような運命観の上に成り立つ権力や社会の構造には、だれも逆らうことはできない。そしてこのような考え方は、哲学的な次元ももつ。サムサーラから逃れる道はないのか。けっきょくは無意識に巻き込まれる再生の循環から開放される手段は、はたして存在しないのか。個々の生きものの核である「自我」〈アートマン〉は、新たな誕生を克服し、「最高の宇宙原理」〈ブラフマン〉とひとつになることはできないのか。

バラモン教の思想家たちは、ひとつの救済の道を想像した。それは、ブラフマンとアートマンはけっきょくは同一のものであり、宇宙を創造し、維持し、破壊する全能者は存在せず、存在するのは「自我」であると認識することであった。「タート　トヴァム　アシ」〈それがおまえだ〉。彼らの思想を集約する呪文である。しかしそれは、だれもが理解でき、細部まで説明できる認識ではなかった。ただ複雑に絡み合って撞着《どうちゃく》でおわる白熱した、ときには暴力を呼ぶ、論争のテーマにすぎなかった。それゆえ、この哲学が大衆に訴えることはほとんどなかった。救済をもとめる修行者は嫌気がさして去り、ただみずからを苦しめることで神の不思議な力を得ようと、死をもおそれぬ苦行へと向かった。しかしこのあまりにも苦しみに満ちた道もまた、大衆への福音になることはなかった。

新しい時代

福音をもとめる声は、アーリア人のガンジス河に沿う東方への進攻と比例して、次第に大きくなっていった。そしてアーリア人は東の地で、彼らの神官たちの独断的で極端な思想をだまらせる新しい文化の挑戦を受けた。神官（バラモン）の権威がさがるに反比例して、軍事力をもつ者たち（クシャトリア）の役割は、たましいの分野でもその重要さを増していった。

図4　ヴァーラナーシ（ベナレス）付近のガンジス河。

同時に、紀元前六世紀末のペルシア王ダレイオス一世の東方への進出もまた、根底をゆるがす変化をもたらした。このとき接した新しい経済、行政、社会の仕組みは、インドにのちにまでのこる影響を及ぼしただけでなく、ガンジス河畔の戦いなど無にしてしまう、はるか広大な世界への目をとつぜん開かせた。西方との交易は東の地をも繁栄させ、新しいインド帝国と新しい権力の構造をつくり出した。

紀元前五世紀、世界はひろがり、もはやせまく古い硬直した世界観は通用しなくなった。時代は当然のように、たましいの分野でも大きな変革をせまっていた。そしてその変革が、インド大陸のどこかの周辺地域でなく、まさにその文明の中核地で起こったことは偶然ではない。まさに北インドの新しい王国のひとつ、インドの穀倉地帯のひとつマガダに、ヴェーダの伝統をやぶり、神々への信仰をないがしろにし、まったく新しい種類の宗教の創始者として深く強い影響を及ぼすこととなる、ふたつの非凡な人格がつづいて現われたのだ。すなわち、苦行を追求するジャイナ教の十四代つづいた「渡し場をひらいた者」（ティールタンカラ）の最後のひとりマハーヴィーラと、王家の皇太子シッダルタ・ガウタマ、のちのブッダそのひとである。

図5　ゴーマテーシュヴァラ。マハーヴィーラの先駆者のひとり。シュラヴァナ・ベルゴラ（南インド）にある983年につくられた巨像。ジャイナ教のティールタンカラは、ブッダと違って、つねに裸体で表わされる。

南アジア仏教史

紀元前三千年紀中頃以降	インダス川上流域におけるハラッパー文化の隆盛。
一五〇〇年以降	インド・アーリア人の移住。
一〇〇〇年以降	アーリア人、東方に進出。
六世紀末	アカメニア人、西北地方に侵入。古代インド帝国の建設。
四七七年	ジャイナ教創設者マハーヴィーラ没。
五世紀(?)	ブッダの活躍。
三二七–三二五年	アレクサンドロス大王インダス川流域を支配。
二六八年	マウリア朝アショーカ、マガダ国の王に即位。最初の統一インド帝国。
二五〇年頃	パータリプトラにおける最初の仏教公会議。マヒンダ、仏教をセイロン（スリ・ランカ）に伝える。
一八三年頃	ギリシア系バクトリア人、ガンダーラ地方を支配、メナンドロス王、仏教を奨励。
一世紀	サータヴァーハナ朝、デカン地方を支配、仏教美術の奨励。マハーヤーナのはじまり。セイロンにてパーリ語経典の記録はじまる。

七五年頃　スキタイ人、ガンダーラ地方に侵入、つづいてクシャーナ朝がおこり、仏教を中央アジアに伝える。
紀元後七八年　クシャーナ朝時代のはじまり。カニシカ王の活躍？（早い時期説）
一—二世紀　ブッダ像の登場。
一五〇年頃　ナーガールジュナ生まれる。
二二五年　カニシカ王の時代はじまる（遅い時期説）、サータヴァーハナ朝の衰退。
二四九年　ガンダーラ地方にペルシア人のササン朝おこる。
二七五年頃　デカン地方のヴァーカータカ朝、仏教美術を奨励。
三二〇年　グプタ朝おこり、北および中央インドに勢力を拡大。インド文化の隆盛。
四世紀　アサンガ、ヴァスバンドゥ兄弟活躍し、北および中央インドにてヨーガーチャーラの隆盛。南インドの仏教、勢いを弱める。
三九九—四一四年　ファシアン〔法顕〕、インドを旅行。
四〇〇—五〇〇年（？）　スリ・ランカのブッダゴーシャ活躍。
四四〇年　ナーランダーの僧院建設。
四五五—五〇〇年　エフタル人（白いフン族）、ガンダーラに進入、仏教僧院の破壊。
五—六世紀　グプタ王国の崩壊。デカン地方に諸王朝おこる。
六世紀以降　ヴァジュラヤーナの発展。
六〇六—六四七年　新たに仏教（および他の宗教も）を奨励したハルシャ・ヴァルダナ王、北インドを支配。
六二九—六四五年　中国僧シュアン-ツァン〔玄奘〕、インドに滞在。
六三七、七一〇—七一三年　イスラーム軍、インドに侵入。
七七〇年　パーラ朝おこる、インドにおける最後の仏教奨励。
八〇〇年頃　カシミール地方にて、仏教にかわってシヴァ信仰盛んになる。
九九八—一〇三〇年　ガズニー朝のマフムード、くりかえし北インドを侵略。
一〇〇〇年頃以降　スリ・ランカにおけるテラヴァーダのルネサンス。
一〇九五年　パーラ朝、ヒンドゥー教のセーナ朝にとってかわられる。
一一八六—一二〇四年　イスラーム教のゴール朝、北インドを征服。
一二五〇年　ベンガル地方最後の公国（パッティケラ）の衰亡とともにインドの仏教おわる。
一五〇五年　ポルトガル人スリ・ランカに上陸、強制改宗と経済的侵攻により仏教の危機。
一八世紀中頃　スリ・ランカの仏教、ビルマおよびタイからの修行僧たちによって再びおこる。

二　ブッダの登場

史実と伝説

ブッダとタターガタ

一九世紀の末、あるフランスの研究者は、「ブッダは歴史上の人物ではない。彼にまつわる伝承は、むしろひとつの太陽神話を語っている」と、驚くべき断言をした。しかしこのような断言は、当時にあっては驚くべきことではなかった。ブッダ研究は長い間、もっぱら、たとえば『ラリタヴィスタラ』（「気高い遊びの物語」の意）のような、メルヘンに似た資料に頼らざるを得なかったのである。しかもそれは何百年にわたって集大成されたテクストであり、そのあいだに、ひとつの宗教を開いたひとの生涯を不思議なできごとの報告で装い、それゆえそのひとを歴史の輪郭から引きはなしてしまっていたのであった。くわえて、そのひとの教え自体が、実証され得る歴史的存在およびその地上での生活についての学問的研究を否定していたのである。すなわちその教えは、人間ブッダを知ること、いや人間ブッダを崇拝することは、大衆の救済にとって何の意味がないだけでなく、むしろ人びとに災いをもたらし、人びとをあやまった道に導くとさえ告げていたのである。

のみならず歴史的ブッダは、すでにその死後まもなく、たった一度の生涯をおくったひとりの人間ではなく、

図1　未来のブッダ、マイトレーヤ〔弥勒〕。鍍金ブロンズ。13世紀。ネパール。

繰りかえされた、そしてその最後にまさにシッダルタ・ガウタマという名の王家の皇太子の姿で現われた、再生の現象であると理解されたのであった。つまり多くのタターガタ（「そのように行ってしまったひと」の意）〔如来〕が、歴史的ブッダ以前に繰りかえし現われていたのである。しかもすべてのこの偉大な存在たちは、それぞれがさらに以前に再生を繰りかえしており、そしてその再生のなかで、同じ教えに到達していたのであった。すなわち、そのようにしてすでに早い時代に、その最後がシッダルタとなる代々七人のタターガタの教えが知られていたのである。そしてシッダルタのあとには、未来の救済者マイトレーヤ〔弥勒〕がつづくことになっていた〔図1〕。「救済者」ということばは誤解をまねく。マイトレーヤは、ユダヤ人やキリスト教徒が知る救世主（メシア）ではない。そうではなくてマイトレーヤは、闇と無知の長い時間のあとで、救済を可能とする理想的な現実をつくるために、もう一度ブッダの道を歩もうとする存在なのである。

歴史的ブッダ

シャーキャ・ムニ「シャーキャ族出身の賢者」として知られる歴史上のブッダは、北インドの家系の男子であった。シャーキャは、大国コーサラの局地的な自治区を任された地方豪族であり、カピラヴァストゥ（おそらく今日のネパールのティラウロコト）を首都としていた。その首都近くのルンビニーの園で紀元前五〇〇年頃、のちにブッダとなるシッダルタ・ガウタマは、族長シュッドーダナとその妃マーヤーの息子として生まれた。古い研究では多くの場合誕生の年を五六三年とするが、新しい説では紀元前五世紀とする（四世紀とする説さえある）。

仏教の伝承は、紀元前六〇〇年以前の誕生を前提とするが、これはおそらく正しくないであろう。

諸資料は、ブッダが八〇歳で没したことで一致している。彼は二九歳で妻、息子、家をすて、六年後「さとり」にたっし、のこりの生涯を人びとの救済にささげた。彼のものと伝えられる説教から、伝記の断片を取り出すことがこころみられている。しかし前世での存在ともからむ伝説は、たんなる伝記よりもいっそうゆたかで、はるかに活きいきとしている。王家の皇太子から禁欲の苦行者、さらに「さとり」にたっしブッダとして生きるその生涯の記述では、伝説と史実はほとんど区別できない。

付『ラリタヴィスタラ』による誕生伝説

ブッダ誕生の伝説は、トゥシタ〔兜率《とそつ》〕天から地上を見下ろし、そこでの苦しみにみちた生をおくる生きものたちに深い同情をよせる天使の姿からはじまる。彼らを苦しみから解放するために天使は、白い象に身を変えてまずマーヤーのこころを占領する。聖母マリアと同じく、王シュッドーダナの妃もまた、それまで純潔の生活をおくっていた。夢のなかで彼女は雲に乗り、天の宮殿にはこばれ、そこで白い象が痛みもなく、彼女の胎内に入る。「けがれのない」受胎の理念は珍しいことではない。そのもっとも古いヴァージョンは、おそらく古代のインドに起源をもつのであろう〔図2〕。

図2　ブッダは象の姿で母親マーヤーの胎内に入る。粘板岩。バールフト（北インド）出土。紀元前2–1世紀。

身ごもって十か月後、マーヤーは変わった方法で出産を体験する。

図3　右腋からブッダを生むマーヤー。粘板岩。ガンダーラ出土。紀元後2世紀。

「ここから東に約一二マイルのところに、カピラヴァストゥの町がある。そこには、王も住民もいない。まるで大きな廃墟のようだ。ただ僧たちの小さな集団とあちこちに散らばる約一〇軒の民家があるだけだ。シュッドーダナの崩れ落ちた宮殿の跡には、王子の母親の像があり、その像では、白象に乗った王子が彼女の体内に入ろうとしている。」ファシアン〔法顕〕（三九九―四一四年にインド各地を旅行）旅行記より

彼女はルンビニーの苑をたずね、そこで立ったまま、右手でチーク樹の枝をつかみ、赤子を右腕の腋から分娩する〔図3〕。すでに前世での生涯を意識し、すでに多くのことばを知っていた幼な子は、蓮の花のベッドから立ち上がり、東西南北のそれぞれに七歩あゆみ、自分が救済者になることを宣言する〔図4〕。彼は、格闘技、数学、とくに弓矢の術には驚くべき能力を与えられていた。この世に現われて五日目、幼な子はシッダルタ〈目的にたっした者〉との名前を得る。添え名ガウタマは、シャーキャの族長に顧問として仕えていたバラモンに由来する。誕生の七日後、ブッダの母親は死ぬ。彼女の妹マハープラジャーパティが養育を引き受け、のちにシュッドーダナの妻となる。シッダルタの上に及ぼした彼女の影響は大きく、のちに彼女は、息子に女性の教団を創設させる（33頁参照）。

図4　幼子シャーキャ・ムニ。誕生してすぐ、幼子は蓮華の上に立ち、天と地を指さす。ブロンズ。ガンダーラ出土のオリジナルからの中国ミン（明）時代（1368-1644年）の複製。

王子と苦行者

悦楽と禁欲

贅沢に暮らし、そしておぼつかないままに救済の道をめざして禁欲の生きかたをえらんだそのひとは、ただ新奇をねらう変人でも、世間から見放されたアウトサイダーでもなかった。たしかに王子から苦行者への変転は、ふつうではない。その変転は、のちの仏教で印象深く、連想ゆたかに伝説として語られたが、それは、両親の宮殿での何ひとつ不自由のない幸福と禁欲の苦行とを、考えうる最大のコントラストで強調するためであった。

実際はおそらく質素であったであろうが、それでも地方豪族の宮殿にあって若いシッダルタは、この世のさまざまな誘惑を知ったであろう。父親には、息子は世俗の支配者、あるいは霊界の救済者になるであろうとの予言もなされたという。前者ならば、世俗の苦しみを知らないですむ。後者ならば、苦行者として世俗の苦しみに立ち向かわねばならない。宮殿を黄金の鳥籠に仕立てた父親は、シッダルタが王女ヤショーダラを娶り、ひとりの息子をもうけたとき幸せであった。しかしシッダルタにとって贅沢は枷《かせ》となった。好奇心から彼は三度カピラヴァストゥの街へ出かけ、その際次つぎと、ひとりの老人、ひとりの病人、ひとつの葬列に出会った。

出　家

いかなる人間にも例外なくせまるこれら生の苦しみ、それを知った衝撃は、王の息子を街への四度目の外出に動かした。このたびは、ひとりの遍歴修行者が彼の行く手に立ち、自分はすべての世俗的なことからはなれ、よろこびや苦しみを超えてこころの平和を得ていると語った。シッダルタにとってこの出会いは天啓であった。この世での彼の生にさだめられていた仕事が、今はっきりと示された。

図5　夜ひそかに両親の宮殿を脱出する王子シッダルタ。1776年の写本の一部。王子は、愛馬カンタカに乗り、守護神アプサーラたちは馬の音を消すためひづめを支える。また神インドラは、いななきを止めるため馬の口をおさえる。４つの頭をもって表わされた鬼神の王マーラは、この世の魅力で王子を引き止めようとする。シッダルタの馬丁チャンダカは、馬の尻尾にしがみつく。

わたしたちに伝わるブッダのことばに、おとぎ話のはなやかさは微塵もない。ブッダは、宮殿からの最後の家出、流浪の生活への出立を淡々と語る〔図5〕。この家出でもってすべてが、シッダルタという名さえが、失なわれた。遍歴の修行者（シュラマナ）としてガウタマは、しばらくのあいだバラモンのアーラーダ・カーラーマ、そしてウドラカ・ラーマプトラのもとで学んだ。しかし彼らの理論には、ただ融通のなさ、ガウタマが克服しようと望む「過ぎ行くもの」〔無常〕への執着しか見えなかった。そこで彼は、他の五人の修行者仲間とともに、当時名を馳せていた有力なシュラマナたちの教えをもとめて、瞑想と苦行に立ち向かうことを決心した。その際なかでも彼らを引き寄せたのは、いかなる行為をも、意識するしないにかかわらず、肉体への執着（それゆえ「永遠の再生」のなかでの執着）とみなすマハヴィーラ（ジャイナ教の開祖）の教説であった。この教

「それから間もなくして、しあわせな幼時をおくり、いま成人した黒髪の若者は、涙を流して訴える両親の願いに反して、髪と髭を剃り落とし、豪華な衣を黄色の修行者服に着替え、故郷をはなれ、流浪の旅へ出た。」
『マッジマニカーヤ』〔中部経典〕より

えによれば、たましいの救済はただ何もしないことにあり、その究極には、みずから望む飢え死にがあった。

苦行からの訣別

まさに超人的な禁欲と自己卑下の数年ののち、死の直前にまで至ったガウタマは、マハーヴィーラの方法ではこころの平和も徳も得ることはできない、そこにはただ、たしかに新しいものではあるが、しかしこれまで以上に苦しみに満ちた人間の「過ぎ行くものとしての性質」〔無常性〕との対決があるだけと知った。このようにして、以前に王家の贅沢からのがれたガウタマは、ここでは、認識と救済へのみずからの歩みに、世俗のもっとも自然な行為でひとつの区切りをつけた。すなわち彼は、米を食し、流れで身を洗ったのだ。もちろん五人の仲間は驚き、そしてあきれ、彼からはなれていった。しかしガウタマの苦行のおわりは、まさにすでにある教説のすべてを超えることであり、悦楽と禁欲のあいだの大いなる「真ん中の道」〔中道〕への第一歩であった。

図6　苦行者としてのブッダ。ガンダーラ出土のオリジナルによる現代のブロンズ複製。チェン・マイ、タイ。

「さとり」と最初の説法

ボサツからブッダへ

シッダルタが生まれたその日、北インド、今日のガヤーの近くのウルヴェラの森に、一本のイチヂクの木（フィクス・レリギオーザ）〔菩提樹〕が芽を吹いたという。シャーキャ族の息子は今、大きく育ったその木の下をそれとは知らず、きたるべき「さとり」のための場をもとめてさまよう〔図7〕。

出発点を振り返ってみよう。永遠につづくサムサーラ〔輪廻〕のなかでの人間の苦しみは、救済を切に願う。しかしいま世に行なわれている教説は、それにこたえてくれない。シッダルタ・ガウタマの目ざすところは、思想上の諸問題を矛盾なく解決すること、「過ぎ行くもの」〔無常〕の世界の向こう岸を知ることであった。彼はこの目的に、肉体の機能を禁欲的に抑えることによってではなく、現世的なとりとめのないこころくばりをはなれて精神を集中させること、すなわち瞑想することによって、また官能の欲望から解き放たれた知的な思索によって、到達しようとしたのであった。インドの瞑想者は、夜に目をさましていることで、精神世界のもっとも深奥な目標に到達する。このことは、人間の心理の神秘であり、たとえば、極度の疲労の向こうに陶酔が現われ、古い問題にまったく新しく対決できる能力が生まれるのである。

図7　ブッダ・ガヤーの菩提樹の葉。本来の樹は、ベンガルの王シャシャンカ（625年没）によって切り倒された。現在のブッダ・ガヤーの巨木は、本来の樹に由来するというアヌラーダプラの古木からの挿し木であるという。

伝説によるとガウタマは、菩提樹の下での目をさました夜をまたもやふたつの極端のあいだで戦う緊

図８　マーラたちにせめられながら菩提樹の下で瞑想するシッダルタ。右手はブーミスパルシャ・ムドラー〔降魔印〕（240頁参照）を結ぶ。1177年のシュロの葉写本の一部。北インド。

張のなかですごしたという。というのは、おのれの権威の失墜をおそれた悪魔の王マーラ〔魔羅〕は、瞑想する彼をありとあらゆる手段で、その「さとり」の道からそらせようとする〔図８〕（その際、王子の「さとり」をすでに予知していた神「大地」は、いつでもシッダルタに味方する用意をしていた）。しかしマーラのみだらな娘たちも、また血に飢えたマーラの家来の悪魔たちも、そしてマーラが与える世界を支配する万能の約束も、シャーキャ族の王子を惑わすことはできなかった。いまやマーラ本人も邪魔することのできないさらにつづく夜の目覚めのなかでガウタマは、「さとり」、身近なことばを使えば、諸問題の解決に到達した。「さとりの候補者」（ボーディサットヴァ、以下略してボサツ）〔菩薩〕は、ブッダ「さとったひと」になった。

はじめての説法

七日と七夜にわたる瞑想に、さらに四週間、イチジクの樹の下での滞在はつづいた。このときマーラは、ブッダを最後の誘惑で苦しめた。「さとり」はことばで説明することができない。そこに至る道はだれにも通用する

図9　サールナートの石とレンガで築かれたダメク・ストゥーパの前の修行者たち。「さとったひと」はここで最初の説法をした。

図10　ブッダの最初の説法。法衣をまとった5人の修行者が「さとったひと」の洞察に耳を傾ける。2頭のガゼルは、サールナートの「ガゼルの森」〔鹿野苑〕を暗示する。ビルマのパガンに499年に建てられた寺院の壁画からの13世紀の複写。

法則で規定することはできない。だからブッダは、みずからの経験を人間に伝えることはできない。無知な者どもを救うこころみなどやめ、すぐさま世俗の殻を脱ぎすてニルヴァーナ〔涅槃〕に入るべきだとすすめたのだ。しかしブッダは、この誘惑をも克服し、静けさ、認識、さとり、そしてニルヴァーナ、すなわち「吹き消えること」（〔涅槃〕66頁参照）へとつづく「真ん中の道」を同胞に告げることを決心した。サールナートの「ガゼルの森」〔鹿野苑〕で彼は、なお苦行に身を置くかつての五人の仲間に出会った〔図10〕。彼らは、はじめのうちはブッダを大喰らい者とあざけったが、やがて彼の語る「四つの聖なる真理」〔四聖諦〕に耳を傾けた。ここにダルマチャクラ〔法輪〕は、止まることのない回転をはじめた〔初転法輪〕。

布教の旅

仏足跡

動物たちすらもブッダのことばに耳を傾けた「ガゼルの森」の静かな平和は、それまでの出来事を忘れさせた。たしかにこの地にたどりつく前、「さとり」に至ってまもなく出会ったふたりの商人トラプサとバルリカは、彼のことばにこころを動かした。つづいて、かつて教えを請うたふたりのバラモンにみずからの経験を語ろうとしたが、彼らはすでに世を去っていた。しかし、ブッダの最初のことばを聞くやいなや逃げ出してしまったある遍歴修行者との出会いという、おかしなできごともあった。そのようなこともあってブッダは、サールナートでは、はじめのうちはおずおずと、かつてともに苦行した友人たちに彼の教えを説いた。危機は克服された。厳格な苦行者たちは、ブッダの洞察にみちたことばに圧倒され、その場で、彼の布教を助けることを申し出た。

それから四五年、インド大陸東北部を遍歴する布教の旅はつづいた。彼の教え

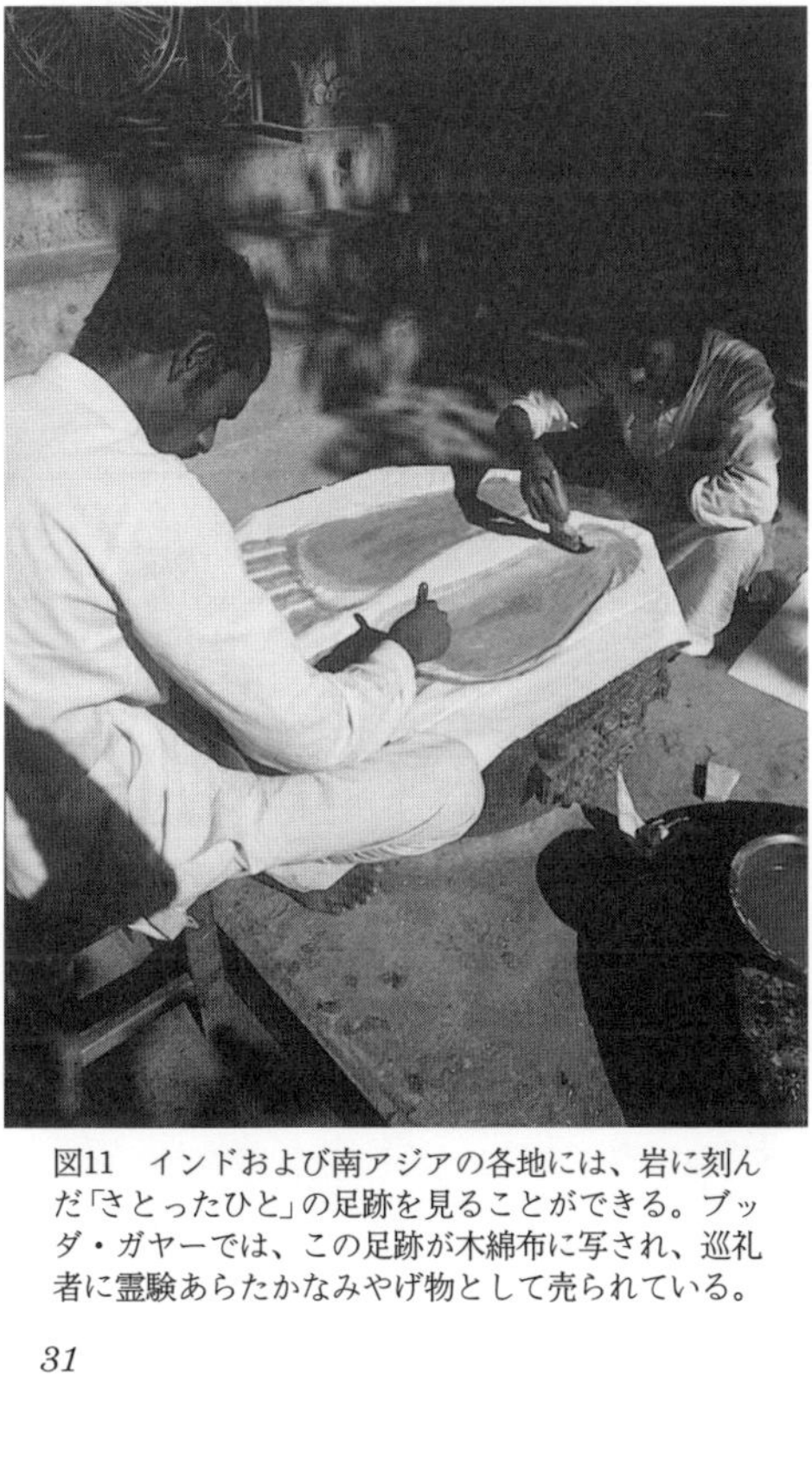

図11　インドおよび南アジアの各地には、岩に刻んだ「さとったひと」の足跡を見ることができる。ブッダ・ガヤーでは、この足跡が木綿布に写され、巡礼者に霊験あらたかなみやげ物として売られている。

図12　シュラヴァスティーの奇跡
ここではブッダは四大の支配者として、肩からは炎が立ち昇り、足からは水が流れ出ている。アフガニスタン出土。紀元後３世紀頃。ネパールの国境に近い今日のマヘトにあったシュラヴァスティーは、ブッダの時代コーサラ国の首都であった。ブッダはその近郊に25年間滞在し、多くの奇跡を行なった。

を信奉するひとの数は、急速に増していった。今日なお、彼の訪れた多くの場所に、石に刻んだ等身を超えるブッダの「足跡」を見ることができる〔図11〕。ブッダの足が踏んだ地には、蓮《はす》が芽を吹いたという。

ブッダが、生まれてすぐにその花のベッドから立ち上がったこの植物は、美と永遠を象徴する（13頁参照）。今日私たちは、この植物の種子が千年後にも芽を出すことを知っている。ブッダの教えもまた、同じことを証明している。

ブッダの布教は、はじめは王侯階級（クシャトリア）の教養あるエリートを対象としていた。それに、数は多くはなかったがバラモンがつづいた。他方一般大衆とのかかわりは、乏しい施しを受けるに限られていた。素朴な信仰心は、この新しい、しかし難解な教えに容易に近づけなかったのだ。しかし、やがて王侯の宮殿での華々しい出来事が、ひろい層に影響を及ぼしていった。マガダ国の王ビンビサーラはブッダの教えを公に認め、コーサラの王プラセーナジトは、ブッダを他の流派のすぐれた思想家と論争させた。勝者に高価な賞が与えられるこのような論戦は、長い伝統をもっていた。しかし報酬をせしめるために、聴衆を魅了しようとあらゆるまやかしを使う、たとえば高名なバラモンのヤジュナヴァルキャと違って、このことばの戦いをブッダは、ただ同胞を真の認識に導くために利用した。伝説は、この争いの際には奇跡も起こったという〔図12〕。ブッダの誠実さが、人間わざを超えた力を湧き出させたのであろう。

人間愛。カーストの克服と女性の同権

布教の実践には、すでに生きる苦しみに真正面に立ち向かう人間愛がむすびついていた。どのカーストに属するかは問題にされなかった。救済は、ただ知性とこころがまえにかかっていた。これまでインドの民衆を呪縛していた運命観は、根底からくつがえされた。

ブッダは、家を出てから三二年後、もう一度ふるさとに帰った。そのとき、最後の革命的な一歩をすすめた。家族を「真ん中の道」（27頁参照）に導いた彼は、継母マハープラジャーパティーとともに女性の教団を創設し、すべての女性にも救済の道を開いた。ここに、他の世界的宗教がその後も長いあいだ無縁でありつづけた男女同権が、実現された。

図13　ビルマの「八戒尼」たち。彼女たちは、はるかに多くの戒律に縛られた正式の男性僧たちとは、社会的に大きく差別される。ヒーナヤーナの国には、本来尼僧教団は存在しない。

図14　聖遺物争いのあとブッダの遺灰は、バラモンのドローナ（中央の人物）の仲介によって北インドの８人の支配者に分けられた。本来円柱は場面の両側にあった。粘板岩。ガンダーラ出土。紀元後３世紀。

ブッダの死

八〇歳になったブッダは、クシナガラ（今日のビハール州カシア）に滞在していたとき「イノシシの柔らかい肉」を食事にとったという。この料理は、殺生を禁じる仏教の戒めから、しばしば論争の種とされる。あるいは「キノコ料理」であったかもしれない。いずれにしても歴史上のブッダは、食中毒で死亡した。世俗的には、消えていった。しかし、教えの光をのこした。

古いしきたりにしたがってクシナガラの住民は、亡《なき》骸《がら》を火葬にふした。しかし彼らは、思いもかけず戦いの犠牲になるところであった。遺灰をめぐって八人の権力者が武力に訴えたのである。ひとりのバラモンの仲介で遺灰は彼らに分配され、それぞれによって故郷にはこばれ、八つの墳墓の下に埋葬された〔図14〕。

最初の教団

出家と在家

出家修行者〔ビクシュ〕〔比丘〕で新しい教団〔サンガ〕〔僧伽《そうぎゃ》〕にくわわったのは、まずふたりの商人トラプサとバルリカ、つづいてブッダの五人の苦行仲間アシュヴァジド、バドラジド、カンディニャー、マハーナーマ、ヴァスパであった。ヴァーラ・ナーシ〔ベナレス〕出身の商人の息子でうつ病にかかっていたヤーシャは、ブッダの助けによって病を克服し仲間にくわわり、さらにガンジス河畔のこの町の若者五四人がつづいた。教えを受けた彼らは、やがてたましいの世話人、伝道者として、それぞれの道へと散っていった。彼らは、在家の信者からの施し物で暮らしを立てた。その後援者は、主としてその頃勢力を増しつつあった商人たちであった。これら在家の信者たちは、慈善行為に対する精神的な報酬として、「さとり」により近い再生への期待を得た。やがて教団は、戒律の遵守を約束する者はだれでも受け入れるようになった。

図15　ブッダの教えを最初にひろめた「長老」（スタヴィラ）のひとり。18あるいは19世紀のチベット絵画。

図16　朝の乞食を行なうスリ・ランカの修行者。仏教の聖職者は、彼らの生計を施しでまかなう。在家信者である施主は、彼らのわずかな施しで、精神的な報酬を得ることを修行者に感謝する。

戒律

在家の信者は、世俗での日常と容易に妥協できる五つの戒めを守らねばならなかった。すなわち一、生き物を殺さない、二、与えられた物でないものを自分の物にしない、三、性的快楽によって身持ちをあやまらない、四、うそをつかない、五、酒を飲まない、である。

出家修行者には、それにくわえて、正午以後の食事、踊りや音楽による気晴らし、装身具、化粧品、快適な寝具、金銭の所持が禁じられた。のちには、さらに多くの掟がさだめられた。教団に属する者は、それらの戒律を朗誦するために、また犯してしまった違反を告白する機会として、満月と新月の日にあつまった。殺人、盗み、それに「さとり」に達したというその主張は、けっして許されなかった。「過ぎ行くもの」〔無常〕へのもっとも強い執着と理解された男女の交わりは、教団追放のとがとされた。

すでにブッダの生前に、何千というひとが教団の戒律を守

図17　正午のその日最後の食事をとる修行者たち。

ることを約束した。それは、この師のことばの力の強さの証拠であろう。たしかに当時にも、このような動きを大衆の社会からの逃避と批判するひとたちもいたという。しかし今日から見れば、支持者の急激な増加は、シッダルタ・ガウタマというひとりの人間の精神的人格の輝きがあったからに違いない。

付 ブッダの弟子たち

サールナートで最初の支持者を得たブッダは、ひとりでウルヴェラに向かった。そこで彼は、当時思想家として傑出していた一群のバラモンに出会った。この集団を指導していたのは、カーシャパの三兄弟であった。なかでもそのひとりマハーカーシャパ〔大迦葉〕は、第一回の公会議の主催者として、初期仏教史において重要な役割を演じることになる〔図18〕。信望のあついカーシャパ兄弟の改宗は、ただちに何百人ものバラモンをブッダ

図18　バラモンのマハーカーシャパ。粘板岩。ガンダーラ出土。紀元後2世紀頃。

の教えに帰依させることになった。このセンセーショナルな事件は、マガダ国の王ビンビサーラのこころさえも動かし、彼を在家信者とするきっかけとした。マガダ国の王という政治的なうしろ盾を得たことは、さらにひろい層をブッダの教えに向かわせることになった。

ブッダの愛弟子のうちふたりは、マガダ出身のバラモンであった。そのひとりは、高い教養と頭脳の明晰さで抜きん出、大衆との仲介者として重要な役割を果たすことになるシャーリプトラ〔舎利弗〕であり〔図19〕、もうひとりは、おそらく苦行者としてすでに身につけていた能力をブッダの瞑想の教えでさらに鍛え、獲得した超人的神通力で名を馳せたマウドガリヤーヤナ〔目連〕であった。シャーリプトラもマウドガリヤーヤナも、ブッダより先に世を去った。

ブッダの晩年に、側近として師の救済の道につきそったのは、血のつながりをもつふたり、すなわち息子のラフラと従兄弟のアーナンダ〔阿難〕であった〔図20〕。規範とされる経典では、ブッダのことばはしばしば「このようにわたしは聞きました」〔如是我聞〕ではじまる。このように語りはじめるのがまさにこのアーナンダであり、彼はブッダの教え八万四千を暗記していたという。死に逝くブッダを涙にくれて見おくったのも、このアーナンダであった。これは、わたしたちのあいだでは普通である

図19　ブッダの愛弟子のひとりシャーリプトラ。金箔をおいた木彫。チベット。

図20　改宗のしるしとしてブッダに食事を献じるアーナンダ。粘板岩。ガンダーラ出土。紀元後２世紀頃。

が、仏教者にはおかしな光景ではなかろうか。なぜなら、仏教では地上での存在は苦しみであり、さとった者がこの世を去るのはすなわち救済とみなされたのであるから。

善良なアーナンダと違って、ガウタマのもうひとりの従兄弟デーヴァダッタは、悪人としての名が高い。彼は、より厳格な秩序を教団にもとめ、世間との隔たりをいっそう強くしようとした厳しい苦行者であった。この厳しさが争いを生み、それが教団の布教活動に暗い影を落とすことになったのかもしれない。このことから、劇的な物語がのこされている。王ビンビサーラの息子アジャータシャトルは父親への謀反を企て、そのために、父王の友人であり相談相手であるブッダに叛旗をひるがえしたデーヴァダッタと手を組んだ。ブッダの命さえねらわれたが、この陰謀は、「さとったひと」の超能力ですべてが露見し、失敗におわったという。デーヴァダッタは、ただ歴史的ブッダの敵対者とされるだけでなく、シッダルタ・ガウタマの前世の存在についての物語のなかでも、悪の化身としてさまざまな形で登場する。

仏教の公会議

混乱する教説

今日ブッダの教えは、文字で伝えられ、世界のさまざまな言語に翻訳されている。しかしこれらのテクストは、はたしてブッダの真正のことばを伝えているのだろうか。インドでは、すでに「ヴェーダ」の時代から、聖なることば、すなわち当時ではバラモンによって守られていた生け贄や呪術に関する秘密の知識は、ただ口承でもって、それもえらばれた弟子にのみ、受け継がれるという伝統があった。そして、伝承手段としての語りことばの重要性は、ガウタマよりもなお数百年、長生きしたのである。すなわち仏教は、文字で記された聖典からはじまったのではなかった。このやっかいな原典の事情は、最初の文字化や原初の思想にかんする、究極的には解決不可能な多くの問題をのこし、さまざまな推測を生み出している。後代の挿入や削除による、あるいは解釈や見解の相違による、意識的あるいは無意識的な変更があるとしたら、どこがそれに当たるのだろうか。さらに翻訳にあっては、ブッダのことばをまったく異なる連想と結びついた異邦の言語に、はたして完全に移すことができるのだろうか。

図21　1156年に制作されたシュロの葉〔貝葉〕細密画。北インド・ビハール州（110–111頁参照）

歴史上のブッダは、教師として、また相談相手として、じつにさまざまな階層の人びとに接した。財産の問題に至るまで、あらゆるひとの悩みにブッダはこたえた。そしてその際つねに、相手のそのときの状況に応じて解決の方法をさがした。このような寛大さは、教えの効果のためにはたしかに大切であり、また必要でもあった。しかし同時にそれは、教えをいっそう複雑にし、ときには逆説的なものとしている。逆説（パラドックス）は、インドの哲学では概念として知られておらず、現象としても問題にされることはなかった。ただのちになって禅仏教が、それを「さとり」に至る特別な手段として利用した（205頁参照）。

図22　ラージャグリハ（今日のラジュギル）の「サプタパルニの洞穴」。ここで、仏教の最初の公会議は催されたという。

意見の対立

ブッダのことばは、さまざまな形で記憶され、解釈された。いかにしてこの多様さをひとつの拘束力をもつまとまりに統合できるか、ブッダの死後まもなく弟子たちに投げかけられた課題であった。伝承によると、布教方針の確立のために、マガダ国の首都ラージャグリハで、ブッダの重要な弟子五〇〇人が七か月にわたる「公会議」〔結集《けつじゅう》〕を開き〔図22〕、その場でブッダの従兄弟アーナンダが、だれもが認める最良の専門家として、相談役、ときには不審のある問題の裁定役にえらばれた。

しかしこの第一回公会議は、その後にも意見の相違が生まれることを防ぐことはできなかった。ブッダ自身は、教団のためのピラミッド型階級制度（ヒエラルヒー）をまったく考えていなかったし、ただ教えのみをこころの支えとするようにといいのこしていた。

紀元前三八〇年、「長老派」（テラヴァーダ）と「大きな結社派」（マハーサンギカ）のあいだの教団規則をめぐる緊迫した争いに決着をつけるため、ヴァイシャーリーにおいて第二回公会議が開催されたという。ここでは、ブッダのけっして変えることのできないことばに忠実に従おうとする前者が優勢を占め、のちの解釈をより意味あるもの、時代にかなうものとする後者は、別れて独自の道を歩むことになった（99頁以下参照）。

アショーカ王の時代の紀元前二五〇年頃、修行者規約の作成を本来の目的とした第三回公会議が、パータリプトラ（今日のパトナ）で開かれた。しかしふたつの主要流派は合意に達することなく、「大きな結社派」は、この公会議の決議を受け入れなかった。数百年ののち彼らは、東パンジャムのヤランダーラあるいはカシミールのクンダラヴァーナで独自の会合を開き、そこでのちのマハーヤーナの基礎となる経典を確定した。

図23　北インドのトプラにあったアショーカ王の円柱。14世紀にサルタン、フィロツ・シャーによってデリーにはこばれ、今日その地のコトラの砦に立つ。円柱の保存状態はよく、いわゆるデヴァナガラ文字による銘文はほとんど完全にのこされている。

仏教の三つの宝

仏教徒とは

仏教徒は、出自によって、また型どおりの信仰告白によって仏教徒と呼ばれるのではない。ブッダの教え——たとえその具体的な形式がどれであろうと——、それを真理と認めた者が、みずからを仏教徒と名のることが許されるのである。彼あるいは彼女は、儀礼に従うこと、寺院に詣でること、神々やブッダに祈りをささげることさえ要求されない。たしかに、今日すべての仏教国においてはさまざまな儀礼が行なわれている。しかしそれらは、例外なくのちの時代の付加物である。ブッダ自身は、それらを役に立たないもの、いや「四つの聖なる真理」〔四聖《ししょう》諦《たい》〕を認識する道の障害物とさえみなしていた。彼が弟子たちにもとめた掟《おきて》は、けっしてキリスト教のそれとくらべられるものではない。掟を無視することは、唯一神の怒りをみずからの上にまねくのではなく、ただ、教えがまだ理解されていない、あるいはそこに示され

図24　「三つの宝」（トリラトナ）、すなわち「ブッダ」、「教え」、「教団」への礼拝。仏教徒は、日々この三宝への帰依をちかう。粘板岩。ガンダーラ出土。紀元後２世紀。

ている道がその信者にとって難しすぎたということだけなのである。このようなブッダの光のなかで、彼が在家信者に与えた道徳的な教示は、キリスト教の『教理問答書』的な義務としてではなく、真理の認識に至る道しるべと理解されるべきであろう。

三宝への帰依

仏教にあって儀礼らしく見えるもの、信仰告白らしく聞こえるもの、それは、日に三度唱えられる三つの宝

図25　炎にかこまれたマンドルラ（アーモンド型聖櫃）におさめられた三宝のシンボル。チベットの近世の木版画。

図26　髪の毛を剃り落とすビルマの新参僧。

〈トリラトナ〉〔三宝〕への帰依の呪文〔三帰礼文〕であろう〔図24〕。それは、実際には信者にその信仰の基本を思い出させることを目的としたもので、「わたしはブッダに帰依します、わたしはダルマに帰依します、わたしはサンガに帰依します」からなる〔図25〕。

第一の宝「ブッダ」は、預言者でも、神でも、神の力の化身でもない。それは、みずからの努力で救済に至ったひと、その完全性ゆえにみずからを語ることができるひと、すなわち模範とされるひとりの人間である。救済に向かう者の目標である。したがってブッダに帰依するということ、それは、卑屈な崇拝ではなく、信者が「さとったひと」の忠告をもとめ、それを評価することの表明である。

ブッダの死後、ブッダの洞察の上に立てられたダルマ「教え」〔法〕がすべての基準となった。仏教のこの第二の宝もまた、無条件の信仰をもとめるものではない。ダルマは、わたしたちの世界、わたしたちの存在を分析し、その結果として獲得された認識を基礎として、その上で目指すべき倫理を明らかにし、精神の鍛錬をうながすのである。

生き方を完全にダルマにゆだねた人間は、世俗から身を引かねばならない。なぜなら、経済や社会による拘束、あるいは職業や家庭による束縛は、世俗にあっては抗しがたいものであり、教えとの対立をまねくものであり、救済の道の障害となるからである。世俗から身を引いた者は、修行者としてサンガ「教団」〔僧伽《そうぎゃ》〕にくわわる。しかしそれでもってただちに聖職者になるのではない。ただ、在家信者の手本となるのである〔図26〕。

「そしてブッダは考えた。このわたしの巻き毛は修行者にふさわしくない。しかし、未来のブッダの髪を切ることのできるものはいないだろう。そこでわたしは、わたしの剣でそれを切り落とすことにした。」パーリ語経典より

三　早い時代の教え

苦しみとしての生

苦しみについての第一の真理

「修行者のみなさん、これは、苦しみについての聖なる真理です。誕生は苦しみです。老いるは苦しみです。病は苦しみです。死は苦しみです。悲しみ、嘆き、悩み、痛み、艱難《かんなん》、絶望、それらはすべて苦しみです。愛してない者とともにいることは苦しみです。愛する者と別れていることは苦しみです。欲するものが得られないことは苦しみです。現世への執着を生む人間実在の五つの要素は、苦しみに満ちているのです。」

これは、ブッダがサールナートでのはじめての説法で、修行者たちに告げた「四つの聖なる真理」〔四聖諦〕の第一の真理〔苦諦〕である。しかしこの真理は、西洋においても、ましてや生きるよろこびに沸く東南アジアの国々においても、いつも不理解と拒否に出あう。よろこびであるはずの人生がなぜ苦しみなのか。贅沢、健康、友情、これらのどこに苦しみが隠れているというのか。

ブッダのこたえは、ふたつの——もしかしたらあたりまえのことであるかもしれない——理由ではじまる。そのひとつは、時間は無限であるのに、ひとの生は有限であるということ。財産が増えることも、医者も、聖職者

図1　スリ・ランカのキャンディー近くでの仏教徒の葬儀。

も、この「過ぎ行くということ」〔無常〕を変えることはできない。それゆえのこされているのは、この真理に、そして生のおわり〔死〕に目をつぶることである。そしてこのとき、贅沢、医術、宗教が、一時の慰め、自己欺瞞として使われるのである。

ふたつ目の理由は、存在するもののすべては実体がないということである。「家」は、物質の概念化以外の何ものでもない。それは、建築材に分解することができる。その建築材は、原材料に分解することができる。その原材料は、有機化合物、さらには分子、原子に分解され、そしてそれはさらに、理性でも感性でも把握できない「物質的無」に分解される。しかし同時にこの「物質的無」は、想像もおよばない無限性でもって、大宇宙のありとあらゆる現象に発展する。

「インドの医者は、病人を診るにあたって、ブッダがそうしたように、四つの順序で、四つの事実を確かめる。第一に彼は、病気の実態を確かめる。第二に、その原因を突き止め、第三にその病気が治るかどうか調べる。このとき、病人の運命は決定する。治らないとわかれば、インドの医者は、（古代ギリシア・ローマの医者と同じく）手をひく。治るものなら、彼は第四に、その治療方法を考える。」ハインリッヒ・ツィンマー『ヨーガと仏教』より

無常であることの苦しみ

苦しむ者は、生におわり（死）を望むであろう。他方、――みせかけの――しあわせ者は、そのしあわせには永遠が与えられていないことに、深い苦しみを発見するに違いない。ガウタマの伝記は、このような苦しみへの洞察が、すでに贅沢な青年時代の快楽に影を落としていたこと、そしてのちの苦行が、彼に無常を確認させたことを語っている。晩年にブッダは、たましいが死の恐怖から解放された、あの一本の樹の下での静けさの不思議な瞬間を思い出している。菩提樹の下での「さとり」は、青年時代の経験が到達したまさに最高の昇華点であった〔図2〕。

苦しみの経験には二種あること、すなわち直接の苦しみと、失う不安から、また失ってしまったことから生じる間接的な苦しみである。それを知れば、ブッダのいう「愛してないものとともにいることの苦しみ」〔怨憎会苦〕、「愛する者と別れていることの苦しみ」〔愛別離苦〕、「欲するものを得られないことの苦しみ」〔求不得苦〕にさらなる説明は不要であろう。しかし、「苦しむもの、無常であるもの、それが何であるか、ひとは知らない。それはわたしであり、それはわたしに属しており、それはわたしという自我

図2　菩提樹の下のブッダ。現代のタイの大衆向け絵画。

である」とブッダはいう。「自我は過ぎ行くものである」というこのブッダの断言は、バラモンの教説への異議の申し立てである。——そしてキリスト教の考えからも遠くはなれる。キリスト教は、個人にはたましいの遍歴を体験する（17頁参照）。「何か普遍的なもの」が内在するという前提に立つ。——

しかしこのときブッダは、バラモンの説くサムサーラ〔輪廻〕の教説には、根本的な異議を唱えない。また、彼らの自然と道徳に関する宇宙法則——それに従うこと、あるいは逆らうことがサムサーラのあり方を決定する——についても、疑いをはさまない。ただブッダは、アナートマン、すなわち「自我の無実体性」〔無我〕の考えでもって、（上の「家」の例で見た）物質の無限性と物質的無との永遠の循環を新しく解釈したのである。今日のわたしたちには、ブッダの説く「自我の無実体性」に近づくひとつのまさに具体的な教材がある。すなわち、本来エネルギーの流れ以外の何ものでもないコンピューターの仮想の世界である。たとえばコンピューターにあらかじめ人間の行為をプログラム化してみよう。つぎに、自我の意思をプログラム化する。するとそこには、その現実性をもはや確かめることのできない自我の世界が生まれる。なぜなら、その自我はプログラムそのものであり、しかし同時に「みかけ」の現実そのものであり得るからである。

人間実在の苦しみ

つづけてブッダは、苦しみとして作用する力として「現世への執着を生む人間実在の五つの要素」〔五蘊、すなわち色・受・想・行・識〕をあげる〔五蘊盛苦〕〔51頁のコラム参照〕。それらは、無知である人間の目をくらます幻である。すなわち、それ自体では存在できない、非個性的で、精確に観察すればそれ自身「苦しみに満ち、無常であることが証明される」もろもろのエネルギーがつくり出した幻なのである。これら五つの要素は、共同で作用してはじめて、幻の上に成り立つ個人の体験をつくりだす。そしてその個人の体験とはすなわち、自我は苦しみそのもの、「過ぎ行くもの」〔無常〕そのものであると感じることである。

このブッダの告げる苦しみについての第一の真理は、人間の実在は無常で苦しみに満ちているだけでなく実体のないものである、と知ることでもっていっそうの高みへと昇華させられる〔図3〕。そしてそれゆえに、救済は可能とされる。もし自我が、不変なもの、確固としたものであれば、それが変化し壊れることは、思弁的にも現実的にもあり得ないではないか。このように考えたとき、ブッダが、空間と時間は無限かあるいは有限かとの問いにこたえを与えなかったこと、あるいはそのこたえをただ探しもとめたことは意味をもつ。最大の苦しみは、宇宙のなぞに対する人間の無力にあるのではなく、サムサーラによる再生をおわらせるという、人間がもっとも深いところで欲する望みに到達できないことにある、とブッダはいうのである。この人間の最大の目的は、望ん

図3　ブッダに無常の象徴である塵《ちり》を献じる少年。粘板岩。ガンダーラ様式。アフガニスタン出土。紀元後3世紀頃。

でも祈っても、哲学的に思索しても、到達されるものではない。それへの到達を可能にするのは、何よりも苦しみの原因を知ることである。

人間実在の五つの要素〔五蘊〕とはつぎのものである。一、四大〔地、水、火、風〕からなる肉体（ルーパ）〔色〕。すなわち、毛、爪などの固体〔地〕、唾液、尿などの流体〔水〕、生成熱、消化熱などの熱体〔火〕。息、体内ガスなどの風体〔風〕である。これらはすべていかなる生きものにもあり、カルマ〔業〕の要因となる。しかしそれらは、身体に属するのではなく、その身体を形成するのである。このルーパが客観的なものであるのに対し、つづく四つの要素は主観からなる。すなわち、二、感覚でもって外からの印象を感受する能力（ヴェーダナー）〔受〕。三、感受されたものからイメージを表象する能力（サンナー）〔想〕。四、こころの動きを意思として表出する能力（サンカーラ）〔行〕。五、以上の感受、表象、意思を統合し、区分して判断する能力（ヴィンニャーナ）〔識〕である。

苦しみの原因

苦しみについての第二の真理

「修行者の皆さん、これは、苦しみの生起についての聖なる真理です。それは、再生の原因となり、充足と貪りをともない、あるときはここ、あるときはそこで楽しみを見つける欲望のことです。それは、感覚的な欲望、永遠の実在への欲望、みずから生存を絶つことへの欲望です。」

誘惑は圧倒する。よろこびのうしろに苦しみを見ない無知な人間は、欲望に屈する。彼は、目標とするに値す

図4　ブッダ・ガヤーの菩提樹の下の少年僧たち。

図5　チベット・ドレブンク僧院の老僧たち。

ると思える官能の享楽をもとめる。しかしいつも最後に発見するのは、死に向かって、すなわち享楽のおわりに向かって歩む自分自身である。そして湧き出る苛立ちや苦しみ、それは、けっして鎮まることのない生存への欲望によって引き起こされる。だが肉体は、人間は永遠なるものを期待してはならないという事実を残酷に証明する。かつて子どものときもっていたものから、老人に何がのこされているだろうか。思想、自意識、記憶はどうだろう。いや少なくとも、かつての細胞は何ひとつのこされていない。これはたしかである。それなのになぜ人間は、現世について、欲望について、まじめに思いめぐらし、いまこの現在、ただつかの間のこの瞬間にのみ真実と見える自分〔自我〕を、まじめに信じることができるのだろうか。そう気づきながらもなお人間は、つねに享楽からはじまり、そして苦しみでおわる誘惑に負ける。

原因と結果の鎖

パティッチャ・サムウッパーダとは、そのひとつの環からつぎの環へとわたしたちを順々と実在の苦しみに巻き込んでゆく、「原因と結果のどうしようもない鎖」〔縁起〕を意味する仏教のことばである。その鎖の環は、アヴィッジャー「無知」〔無明〕にはじまる。それはサンカーラ「もろもろの行動」〔行〕を引き起こし、この行動はヴィンニャーナ「判断」〔識〕を生む。それはナーパ・ルーパ「名と形」〔名色〕をもとめ、この名と形からサル・アーヤタナ「六つの感覚機能」〔六入〕が現われ、これが外から内へのファッサ「感触」〔触〕を可能とする。これはヴェダナー「感受」〔受〕へと導かれ、この感受がタンハー「欲望」〔渇愛〕を呼びさます。そしてこの欲望の敷いた軌道にのって、ウパーダーナ「生への執着」〔取〕を経て、バーヴァ「生成」〔有〕が展開し、ジャーティ「誕生」〔生〕に至る。それはジャラー・マラナ「老いと死」〔老死〕の原因となる。

図6　パティッチャ・サムウッパーダ〔縁起〕を描くチベットの「存在の輪」（166頁参照）の轂《こしき》（ハブ）部。右側の人物たちは悪しきカルマ〔業〕で地獄に堕ち、左側の人物たちはニルヴァーナ〔涅槃〕に向かって昇る。中央の動物たちは、人間の救いがたい悪行を象徴する。すなわち鶏は「むさぼり」、蛇は「いかり」、豚は「おろかさ」。

以上が、もっとも一般に流布したヴァージョン――他に多くのヴァリエイションがある――で記述した、東洋の思想家たちにあたかも神の啓示の如くにみなされているブッダの縁起説である。仏教研究家のヘルムート・フォン・グラーゼナップは、西洋の人間にはむしろ逆の流れの方が理解しやすいのではないかという。すなわち、「老いと死」は「誕生」に先行しなければならず、それには「生成」の過程が、そしてそのためには「生への執着」が前提とされる。この生への執着は「欲望」から生まれ、それは「感受」によって呼びさまされる。感受のためには外界との接触による「感触」が必要とされ、しかしそれは「六つの感覚機能」によってはじめて経験できるのである。そしてこれらの感覚機能が個々のものに「名と形」を与えたとき「判断」がはじまる。この判断は「もろもろの行動」から生まれるのであり、最後にこの行動は、出発点、すなわちすべての存在は無常で苦しみに満ち実体のないものであることを知らない「無知」に至る。

三つの根源的な悪

生存への欲望からは、さらなる悪の根源、すなわち憎悪、愚鈍が生まれる。盗み、いさかい、戦争、殺人は、この世においての明白な苦しみを生み、来世での救いがたいカルマ〔業〕の因となる。すなわち、行動、言葉、思考〔身口意〕による悪しき行状は、あの世における苦しみの総決算、悪しき再生へとつながるのである。このような生き方に意味をもとめる者は、ただ世界の真の姿に対する自身の無知を暴露し、善きカルマ、すなわち、〔三毒〕――むさぼり、いかり、おろかさ〔貪・瞋・痴〕――と無縁な生という本来の目的から遠ざかるのである。

右に述べた縁起による苦しみ、また三毒による苦しみは、すべてわたしたち自身の内に生まれる。しかし救済への可能性もまた、同じく（そしてもっぱら）わたしたち自身の内にある。ブッダの教えほど、個人の自己変革の力に多くをゆだねるものは世界の宗教にない。

苦しみのおわり

苦しみについての第三の真理

「修行者の皆さん、これは、苦しみの克服についての聖なる真理です。それは、欲望を余すことなく滅ぼし、断念し、拒絶し、それから解放され、それに執着しないことです。」

獲得した認識も、やがては消える。ひとはまたもや、疑わしい自我の立場に戻り、かつて欲したものを、その代償のあることも忘れて、またもやただひたすらに渇望し、それをめぐって争う。自分〔自我〕の実在に対する妄信が、このような努力を意義あるものとするのだ。とはいえ、これら欲望から生まれる苦しみを明らかにするために、かならずしもつねにアナートマン〔無我〕やサムサーラ〔輪廻〕の教説をもちだす必要はない。苦しみは、ここかしこにある。財産をめぐる争いは、敗者に苦しみをもたらす。新しく得たひとへの愛は、あとにのこされた者に苦しみをもたらす。支配は、支配される者に苦しみをもたらす。――そう、貧しさ、孤独、抑圧の感情もまた、苦しみの原因となるのだ。

形而上的な問題にあれこれと思い悩むこと、すぐに見分けのつく苦しみに何か高い意味をもとめようとすること、それらはただ、本質的なるものから、すなわち苦しみの解消へ向かう道から、逸脱することである。「たずねる者は、すでにあやまる。こたえる者は、同じくあやまる。」縁起の鎖をたったひとつの因果の環で解こうとする者は、すでにそこに、欲望という災いの根がはびこることを知る。

欲望の否定と肯定

あらゆるものは無常であり、苦しみに満ち、非人間的であるという認識は、欲望を笑いものにする。欲望は、

図７　現代の修行者。スリ・ランカにて。

もはや意味あるものとは理解されない。生きることは苦しみであるから、生きる欲望は克服されねばならない。しかも、感覚的なよろこびと禁欲の中道を歩むことによって。この道の上に、悪しきカルマの要因、すなわちむさぼり、いかり、おろかさが入り込む隙はない。それらが克服されれば、感覚はもはや色や形でごまかされることはない。道徳の支え、たとえば教団の戒律といえども、もはや楽しみへの渇きが存在しないのであるから、必要とされない。ここに、欲望は純粋なよろこびへの扉さえも閉ざしてしまうという見解も生まれる。これは、ブッダの教えを生きることの否定と非難するひとたちにとっての強力な弁護となる。というのは、彼らは疑うのである。はたしてわたしたちは、たとえば財産、愛、生を、それらの喪失に思い悩むのは愚かなことだと納得して、ほんとうに受けいれることができるだろうか、と。

肉食に対するブッダの姿勢。ひとはすべて、可能なかぎり肉食を避けるよう、つとめなければならない。修行者は、殺生を禁止する戒律から、肉を食してはならない。しかし食事に招かれたときは、主人が彼のためにだけ屠殺したと知った場合のみ、その肉を断らなければならない。その他の場合では、断ることは主人に対しての無作法になり、それは肉を食する以上の違反行為である。

苦しみの克服

苦しみについての第四の真理

「修行者の皆さん、これは、苦しみの克服についての聖なる真理です。それは、八つの正しい道、すなわち正しい知恵、正しい意志、正しいことば、正しい行ない、正しい生活、正しい努力、正しい思慮、正しい瞑想です。」

このようにブッダは、苦しみを克服する「八つの正しい道」〔八正道〕について告げた。今日の見方からすれば、八つの道はこの順序ではすすまず、上へ昇る方向でグループ分けすることもできる。もちろんその際には、上段の道はその下段の道の目的としていたところを包括していなければならない。

まずもとめられるのは、「正しい知恵」の基礎となるグループ、すなわち「正しいことば」、「正しい行ない」、「正しい生活」の実践である。これらのいわば倫理的道程を経ることによって、つぎのグループ、すなわち「正しい努力」、「正しい思慮」、「正しい瞑想」への移行は可能となる。そしてこのいわば精神集中の道程は、つぎのグループである認識の道程、すなわち「正しい意志」、さらに、最高に位置する「正しい知恵」の完成のための前提となる。

図８　寺院の扉を開くチベットの僧。

図９　在家信者。おそらく貴族の寄進者。サーンチー第一ストゥーパ東門の浮彫り。紀元前１世紀。

それぞれの道には、ふたつの異なる階段がある。そのひとつは、現世での幸せを得るために施し〔布施〕をする在家信者が昇る階段であり、もうひとつは、修行者のためのものである。

八つの正しい道

「正しい知恵」〔正見《しょうけん》〕とは、在家信者にとっては、カルマ〔業〕として彼の不幸あるいは幸せな再生の因となる悪しき行ないと善き行ないを判別する知恵を意味する。悪しき行ない、すなわち彼の幸せな再生をさまたげるもの、それは、生きものを殺すこと、他人のものを自分のものにすること、ゆるされない男女の交わり、嘘をつくこと、だますこと、暴言、空虚なおしゃべり、欲ばり、意地悪、敵意を抱くことである。なぜなら、これらすべてに苦しみの原因である根元的な三つの悪〔三毒〕――むさぼり、いかり、おろかさ――が隠れているからである。それらに対して幸せを約束するもの、それはすなわち、悪しきものを避けることである。

より高い階段、すなわち修行者にとっての「正しい知恵」とは、サールナートの説法でブッダが示した「四つの聖なる真理」を正しく理解することである。この階段の第一歩は、修行者は教えに無用な問題に近づくことなく、ただ「四つの聖なる真理」の認識にのみ注意を向けることである。このことは同時に、仏教徒のこころをしばる第一の枷《かせ》、すなわち儀式への愛着（一般的にいえば、因習に固執すること）、懐疑主義、自我的妄想といったものからの解放を意味する。自我的妄想とは、永遠の存在（自我は死後も存在する）という妄想、あるいは自我は滅却する（自我は死後消滅する）という妄想のことである。さらに認識がすすむと、官能的渇き、さらなるこころの枷である憎悪の念は消え、つづいて実在の枷からの解放、すなわち微塵物体、あるいは非物体としての実在への願望、そしてさらに、思い上がり、苛立ち、無知の解消へと向かう。しかしこのような真の自由に達するのは、「さとり」を目の前にする聖者、知恵の最高位に立つアルハト〔羅漢〕だけである。それ以外の者たちにはなお再生がつづき彼らはやがて、この世への帰還、あるいはいつの日か、神々の世界での再生をはたす。

「正しい意志」〔正思《しょうし》〕とは、世俗的あるいは世俗を

図10　「祈り車」をもつチベットの女性在家信者。仏教の後期には、しばしば型どおりの儀礼が、本来の精神的完成を目ざす努力に取って代わった。

超える願望を放棄すること、善きものにすべてをゆだねること、他の生きものへの危害を避けることである。このような意志は、修行者、すなわち徹底した仏教徒といえども、ただ厳しい修行によってのみ身につけることができる。そうであるからこの道の成就者は、欲望、憎しみ、暴力のいかなる誘惑にももはや屈することはない。

「正しいことば」〔正語《しょうご》〕は、あるいは要求するところのもっとも少ない道といえるかもしれない。まず、たとえ必要と思われても、あるいはひとのためになると思われても、嘘をつかないこと。その上で、友だちを仲たがいさせる情報を伝えないこと、反対に仲よくさせ、理解させる情報を伝えるよう努めること。ののしりのことば、空虚なおしゃべりも避けねばならない。すべてのことばは、丁寧で礼儀正しく、印象深く、節度があり、根拠をもつものでなければならない。さらにひとつ。権力者、武人、英雄たちについてのちょっとした、無用なうわさ話も避けねばならない。

「正しい行ない」〔正業《しょうごう》〕とは、生きものを殺さないこと、与えられないものを自分のものにしないこと、ゆるされない男女の交わりをしないことである。最後の戒めから、西洋ではしばしば、官能に対する仏教の敵意が云々される。しかし実際には、完全なる純潔は修行者にのみもとめられるのであり、在家信者にあっては、ただ若い、あるいは自立していない相手との性的接触が禁じられるのである。ここでの「自立していない者」とは、既婚者、結婚の決まっている者、さらには囚人および親類縁者の保護の下にある者のことである。

「正しい生活」〔正命《しょうみょう》〕とは、善き再生を約束する行ないのことで、他

図11　乾かすために吊るしてある修行者の衣。チェンマイ、タイ。僧衣は、伝統的に修行者自身によって天然染料で染められる。

図12　ブッダ・ガヤーで瞑想する僧。

に害をおよぼすことなく生計を立てることを意味する。生きもの、武器、肉、酒類、毒物の取引は、してはならないとされる。人間や動物に暴力をくわえるあらゆる職業からは、距離をおかねばならない。ごまかし、自制のない金もうけ、気のすすまない取引相手の説得も、非難の対象とされる。麻薬の摂取に対するブッダの態度は、彼が戒めをいかに思慮深く、また人間の弱さへの洞察でもって定めたかを改めて物語る。ブッダは、指を立てて道徳の退廃をそしるのではなく、むしろつねに、たとえば酒酔いの上での争い、健康の障害、経済的な困難など、平和な社会への対策を考えていたのである。

「正しい努力」〔正《しょう》精進《しょうじん》〕は、悪い資質を取り除き、よい資質を育成すること、悪い考えを抑え、気高い志操を喚起することにある。

「正しい思慮」〔正念《しょうねん》〕は、仏教徒でない者にも、落ち着き、思慮深さ、忍耐力を体得するさまざまな可能性を提供する。本来の目的、仏教者としての目的はしかし、仏教的な認識と浄化を経て「中道」への歩みをすすめながら、渇き、痛み、苦しみを克服すること、一瞬一瞬を意識して知覚すること、肉体の成長と衰えを目をみひらいて体験することにある。

この道の実践は、原則的にはまず、十分な慎重さをもって意識しながら、息を吸い、吐くことからはじまる（63頁囲み参照）。その際、脳裏をかすめる考えを追い払おうとしたり、抑えようとしたりしてはならない。訓練がすすみ、呼吸に集中できれば、気の散ることはなくなる。さらにすすめば、歩く、立つ、坐る、横になる、食べる、飲むが、同じ慎重さで知覚されるようになる。つぎに、目をこらして身体の一部を見つめる。この凝視は、極度の思慮深さと認識の明晰さを生む。この訓練がさらにすすむと、感情、すなわち自分の意識の状況、それにこころの向かう対象（たとえば、悪意、苛立ち、疑念など）が、いわば外側から観察されるようになる。細部ではひじょうに複雑で繊細なこの行程の最後には、恐怖、快、不快に対する勝利がまっている。この勝利、それはすなわち、暑さ、寒さ、渇き、飢え、肉体の傷、こころの傷に耐える力の獲得であり、さらには、他人のこころのなかを洞察することができる、あるいは前世の生を思い出すことができる、より高度な精神力（神通力）の獲得である。

「正しい瞑想」〔正定《しょうじょう》〕とは、精神力のすべてをたったひとつの対象、たとえば蓮の花に集中させることによって、現世から一時的に離脱することである。ここで、前項の「正しい思慮」は、ブッダ自身が菩提樹の下で体験したように、意識が消えるまでに深められる。この瞑想の沈思はしかし、過ぎ行くもの、すなわち時間的に限りのあるものであるから、なお最高の認識の前段階である。「四つの聖なる真理」と「八つの正しい道」をすべて完全に体得したとき、そのときはじめて、もはやけっして動転することのない仏心に達し、それでもって再

図13　禅師白隠慧鶴（1685–1768年）によるダルマ〔達磨〕図。「おのれを見つめ、ブッダになる」。ここに描かれたダルマは、瞑想中に眠りに陥らぬよう、まぶたを切り落としている。

生はおわる〔解脱〕。

「そしてわたしのなかで、認識と内への凝視がはじまる。わたしにとって、こころの解放は不変となる。これは最後の誕生であり、もはや再生はない。」

> 「修行者は森に行き、木の根元で、あるいは空き小屋のなかで、足を組み、上半身を垂直に立て、注意を正面に向けて座す。注意深く息を吸い、注意深く息を吐く。彼は息をながく吸い、「わたしは息をながく吸っている」と知覚し、彼は息をながく吐き、「わたしは息をながく吐く」と知覚する。彼は息をみじかく吸い、「わたしは息をみじかく吸う」と知覚し、彼は息をみじかく吐き、「わたしは息をみじかく吐く」と知覚する。「身体のすみずみまでを知覚しながらわたしは、息を吸い、息を吐きたい」と彼は訓練する。「この身体の機能を抑えながらわたしは、息を吸い、息を吐きたい」と彼は訓練する。」
>
> 『マルーサティパッターナ・スッタ』〔大四念経〕

付　瞑想の実践

西洋のひとたちのあいだでは、苦行、ヨーガ、瞑想はほとんど区別されず、同一に考えられている。その上インドや東アジアでは、身体をみごとにコントロールしているひとが多く見られることから、ヨーガの実践に過度の期待が寄せられている。だがヨーガの実践者（ヨーギー）あるいは仏教僧侶の健康な心身は、ヨーガそのものよりも彼らの生き方、世界観にむすびつくものであろう。

ブッダは、「強制のない自己消滅」（ニルヴァーナ）を目ざし、その目的のために生きるに大切な肉体の機能を制御し、ついには当時の人びとが驚嘆する「奇跡の力」を獲得するに至った。彼がそのためについやした時間は、長く、――そして彼自身も気づいていたように――苦しみに満ちたものであった。

ヨーガの実践者（ヨーギー）の意図は、たとえ彼がブッダと似た苦行の道をえらぶとしても、別のところにある。彼にとって問題なのは、精神と肉体を「軛《くびき》につける」（ヨーガ）ことでもって、通常の生活では得られない精神と肉体のエネルギーを育成する訓練である。このような訓練は、太古、おそらくインダス文明の時代にまでさかのぼるであろう。仏教以外のヨーガにおいても、訓練の中心はプラーナ（呼吸）の制御である。プラーナは、厳しい訓練によってあらゆる偶然を取り除き、意識的に遅らせることが可能である。そして、それを止めることに最高の価値が認められる。というのは、インド人の考えによれば、プラーナは実在の核、「生きていること」の証拠であり根拠であるからである。呼吸法訓練の目的は、目に見える肉体的物体から目に見えない精神的物体を蒸留することである。

ヨーガと禁欲の経験からシッダルタ・ガウタマは、瞬間に充足をもとめる新しい、驚くべき見解を展開させた。それは、ただいまここにあるものの知覚に精神を集中すること、たとえば呼吸に、その価値を意識の外に置いて、すべての精神を集中させることである。先に述べた「正しい思慮」は、みずからの基本的な経験をあやまって、あるいはただ部分的に知覚するひとはその不完全な知覚から必然的にあやまった解釈に導かれる、ということを前提にしている。このようなひとは、おのれの実在の真の意味を理解しないし、彼の自我を、息を吸うことでもって大宇宙に参加する小宇宙とみなすこともできない。すなわち「正しい思慮」は、これらのことを前提とし、その上に立っている。

ヨーガの実践者は、ブッダがそうであったように、ただ呼吸のみを問題にするのではない。肉体的訓練（ヨーガ）あるいは精神的認識（教え）でもって、新しいこころの領域へ入ろうとするのである。ブッダは、瞑想には四つの段階があることを告げ、その最後で最高の段階が、苦しみやよろこびを超えたこころの平静であるという。

付　ヨーガ実践の基本

ヨーガの訓練をこころざす者は、実践のあいだすべての世俗の用事を放棄し、在家信者の五つの戒め、あるいはかなうならば出家修行者の戒律を守ることをもとめられる。そしてトリラトナ〔三宝〕に帰依し、すべての生きものに対してやさしい思いをいだき、肉体の快楽をぬぐい去り、死の近くにいることを自覚しなければならない。実践は達人の指導のもとで行なわれ、静かな空間、快適な坐法でなされねばならない。

1　精神を腹壁の上がり下がりに向けること。腹壁は、息を吸うとき上がり、吐くとき下がる。その際、腹壁の形状や「上がる」「下がる」のことばを意識してはならない。ただ経過だけに集中すること。

2　前段階で現われるこころの動きを、それが生まれる瞬間に知覚すること。思い出は思い出として、考えは考えとして、気の散りは気の散りとして確認される。これらこころの動きは、つぎの実践に入る前に、それらが消えるまで追跡される。

3　やがて疲労がくる。これにも意識を向けること。腕は硬直し、尻の肉は痛む。それに対しては、屈することも抵抗することも必要ない。経験をつめば、不快感は弱まり、やがて消える。消えなければ、姿勢を変えればよい。脚の位置を変えれば、変えたことを認識し、ふたたび慎重に注意を腹壁の上下に向ける。痛みも、その身体の該当箇所やその性質について辛抱強く考察すれば、やがて消える。消えなければ、姿勢を変えるか、実践を中止する。その際これもまた、変更あるいは中止として確認される。経験をつめば、そのような痛みは制御されるものとなり、ついには現われなくなる。多くの行動や考えが知覚からのがれることがあっても、深く気にしてはならない。辛抱強く、知覚の完全化につとめること。次第に精神は、息を吸うと吐くのあいだの時間に没入するようになる。

4　瞑想の実践には多くの時間が必要とされ、望んだ成果も急には得られない。それゆえ失望を生むかもしれない。この失望、また方法が間違っていないかという疑い、あるいはうまくいった幸福感も、偏見なく確認されねばならない。このような思いがしずまれば、ふたたび精神を腹壁の上がり下がりに向ける。以上の実践法は、「目をひらいた瞑想」と呼ばれる。この一連の訓練には、少なくとも一日以上が必要とされる。訓練がすすめば、疲労が生まれることも少なくなり、やがて夜を通してつぎの日も瞑想をつづけることが可能となる。このとき身体は、制御され得るもの、それゆえに苦しみからのがれ得るものとして認識される。まさにこのこと、苦しみの克服が、仏教の目ざすところである。

ニルヴァーナ〔涅槃〕

ニルヴァーナとは

ブッダの教えのなかにある概念でニルヴァーナ、あるいはパーリ語でニッバナ〔涅槃〕、すなわち仏教徒の最高の目的を名づけたこのことばほど、多くの推論を生んだものはない。ニル・ヴァは、「(風が)吹くことをやめる」、「(何かが)吹き消える」を意味する。それは、輪廻再生のおわり、すべての生きものを支配する死の力からの解放をいう。

しかしニルヴァーナとは、正確には何と理解されるべきだろうか。それについて弟子たちに繰りかえし訊ねられたブッダは、そのつど、ひとつのパラドックス(逆説)でこたえた。たとえば『ウダーナ』八、一には、「わたしがあなた方に告げること、それは来ることなく行くこと、立ち止まることなく過ぎ去ること、すなわち再生からの解放、すなわち静かに立ち止まることのないことと先にすすまないことです。生にあこがれる理由は、もはやないのです。これは、苦しみのおわりです」とある。他のところでブッダは、実在とその消滅についてつぎのようなたとえを語る。「水面の上を吹く風は波をつくり、流れ行く水の幻を生む。風が止むとその幻は消える」。

図14　秘儀伝授式の最後の儀礼として、カーラチャクラのマンダラを描いていた色砂を棄てるダライ・ラマ14世。

ことばそのものは、実在の領域に属する。そのことばが、実在の向こうにあるものを表わすことはできない。しかしことばは、実在の領域内で、ニルヴァーナが何でないかを規定することはできるかもしれない。その否定を徹底すれば、このなぞに満ちた概念の内容に、ブッダのぎりぎりの解説がいう「非存在」に、あるいは近づくことができるかもしれない。

実在の領域が死でもっておわる前に、「さとったひと」の生においては苦しみの消滅が行なわれる。この消滅に向かう「八つの道」、すなわち「四つの聖なる真理」の第四の真理は、この目標の本質、すなわちニルヴァーナについて、他のいかなる説明よりも明確にこたえてくれる。「八つの道」では、肉体的なるものからの解放につづいて、精神およびその精神の活動からの

図15　水の面で究極のマンダラがニルヴァーナへと吹き消える。

解放が課題とされる。そしてさらに、肉体と精神からの解放の結果に生まれる幸福感からの解放がもとめられる。このように、先へ先へと永遠につづく「解放」が、少なくともブッダ自身にとっては、ニルヴァーナである。

何かが永続するのか

しかしここに、ブッダがこたえなかった問題がのこる。すなわち、もしそうだとしたら、何かが永遠にありつづけるのだろうか。パティッチャ・サムウッパーダ〔縁起〕の教えは、あらゆる実在は依存の関係にあって実体をもたないと説く（53頁以下参照）。自我という実在が実体のないものであれば、いったい何が救済を体験し、ニルヴァーナに入ることができるのだろうか。教えの解釈をこころざす者は、何百年ものあいだこの問題に取り組んできた。初期の解釈者のある者は、救済とともにすべての実在はおわる、ニルヴァーナはすなわち無であるとこたえた。他のひとたち、たとえばプドガラヴァーディン（プドガラ論者）は、教説の本質的な点に異をとなえ、「原因と結果の鎖」のうしろに個人を超えて存続する、すなわちニルヴァーナを体験することのできる「永続意識」（プドガラ）なるものを考えた。最後に、紀元後二〇〇年頃、南インドの改革者ナーガールジュナ（114頁以下参照）は、これはいまだ救済されていない者だけにかかわる問題であるという認識に達した。

図16　ニルヴァーナの象徴としてのストゥーパに対する礼拝。粘板岩。ガンダーラ出土。紀元後 2-3 世紀。

「わたしたちが身をおく現実は、「他を知らない者たち」の取り決めである。そこには、その取り決めが姿を消し、その取り決めが溶け込む、別の現実が隠れている。それは、ことばではいい得ず、輪郭をもたず、形も、対比も、境界もない。つかむことはできない。しかし経験はできる。自分が消える、自分を消す。消えることが消える。そこにあって現実は、すべての現実がきめられたとおりに、一歩一歩消滅へと向かうことができるということである。そこへは、いかなることばもとどかない。ニルヴァーナ――「吹き消える」――は、みずからを消す経過のイメージにすぎない。それは、霧のなかで、こちら側の橋脚はまだ見えるが、向こう岸の端は見えない橋のようなものである。」

ハインリッヒ・ツィンマー『ヨーガと仏教』より

四　ヒーナヤーナ——小乗仏教

経典の伝承

パーリ語経典

ところで、前の章で取り上げた仏教の基本的諸問題は、はたしてブッダの教えの核心を正しく伝えているだろうか。この問いに、明確にこたえることはできない。ブッダのことばは、オリジナルでは伝えられていないのである。教えがはじめて文字で記録されたのは、おそらく紀元前三世紀、マウリア朝の王アショーカの時代であったと思われる。しかしそのテクストはのこされていない。同じ頃、仏教はランカ島（セイロン）に伝えられた。その約二百年後この島で、ある王の命で規範的な経典を文書化することがはじめられた。このようにして文書化された経典は、今日においても初期仏教を知るもっとも重要な資料のひとつとされ、また初期の教えを信奉する仏教徒にとっての必修の経典とされている。この文書化にあたっては、当時のインド教養人の言語であったパーリ語がえらばれ、以後この言語は、ブッダ自身はマガダ語で語り、またサンスクリット語や他の言語によるテクストも伝えられているにもかかわらず、少なくとも東南アジアにおいては、仏教文献を支配することとなった。それゆえ教えの重要な概念は、サンスクリット語（たとえば、ダルマ、スートラ、ニルヴァーナ）と並んで、パーリ

図1　ブッダと白ターラーの図像のある写本。1686年。ネパール。

語（たとえば、ダンマ、スッタ、ニッバーナ）でも広く流布している。

しかしこのパーリ語経典にあっても、おそらく言語の性格によるものもあるのであろうが、すでにいくつかの点でたしかに本来の教えとは異なる傾向、あるいはいくつかの不一致のあることが指摘されている。たとえば、苦しみの原因として、あるところでは欲望が、そして他のところでは無知があげられ、そしてその原因も、あるところでは瞑想で、別のところでは認識によって克服されるとする。その結果、実在についての核心的問題だけでなく、「四つの聖なる真理」の第四の真理である救済の道についても、議論の余地がのこされている。くわえて、極度な繰りかえしといった、形式上の特異さも目立つ。たしかにそれは、瞑想的霊気を生みだし、テクストの暗誦を容易にする。しかし同時に、読んでの理解には大きなさまたげとなっている。このようないいまわしがブッダ自身のものではないことは、すでに同時代の人びとが、布教の成功は彼の機知にとんだことば使いや話術のたくみさによると、報告していることからも明らかである。

仏教の広い伝播は、印刷術の発展と密接に結びついている。巡礼者に思い出を与え、さらなる布教を促すために仏教では、他のどの宗教よりも早くそして大量に、聖なることばやわかりやすい絵、あるいはブッダの「足跡」が、木版画の手法で複写された。そして、八六八年五月一一日という正確な日付もわかる金剛経ものこされている。

ティピタカ〔三蔵〕

伝えられているパーリ語の経典は、ティピタカ、すなわち「三つの籠」〔三蔵〕と呼ばれ、それぞれの籠〔蔵〕は、それぞれひとつの書をなしている。最初の籠ヴィナヤ・ピタカ〔律蔵〕は僧院生活での規律をおさめたもので、ここには、修行僧が守らねばならない、そして反すれば懺悔《ざんげ》しなければならない約二五〇か条の戒め、さらには教団への参加、あるいはおこり得る除名についての掟が述べられている。この書の内容は、アショーカ王の時代に開かれた第三回公会議で確認された戒律と、多くの点で一致するとみなされている。

スッタ・ピタカ〔経蔵〕は、本来の教え、主としてブッダのことばをおさめる。この書は四つの部〔ニカーヤ〕からなり、それぞれには、純粋に形式的な基準、すなわち長さによって分けられたスッタ〔経〕が収集されている。この四部に、詩とジャータカ、すなわちブッダの前世物語五五〇話を含む、膨大な補遺がくわわる。

ピタカとして時代的にはもっとも遅い成立をみるアビダンマ・ピタカ〔論蔵〕は、形而上学、倫理学、哲学の諸問題を扱っており、おそらくすでにアショーカ王の時代に起源をもつのであろうが、その後数百年のあいだに

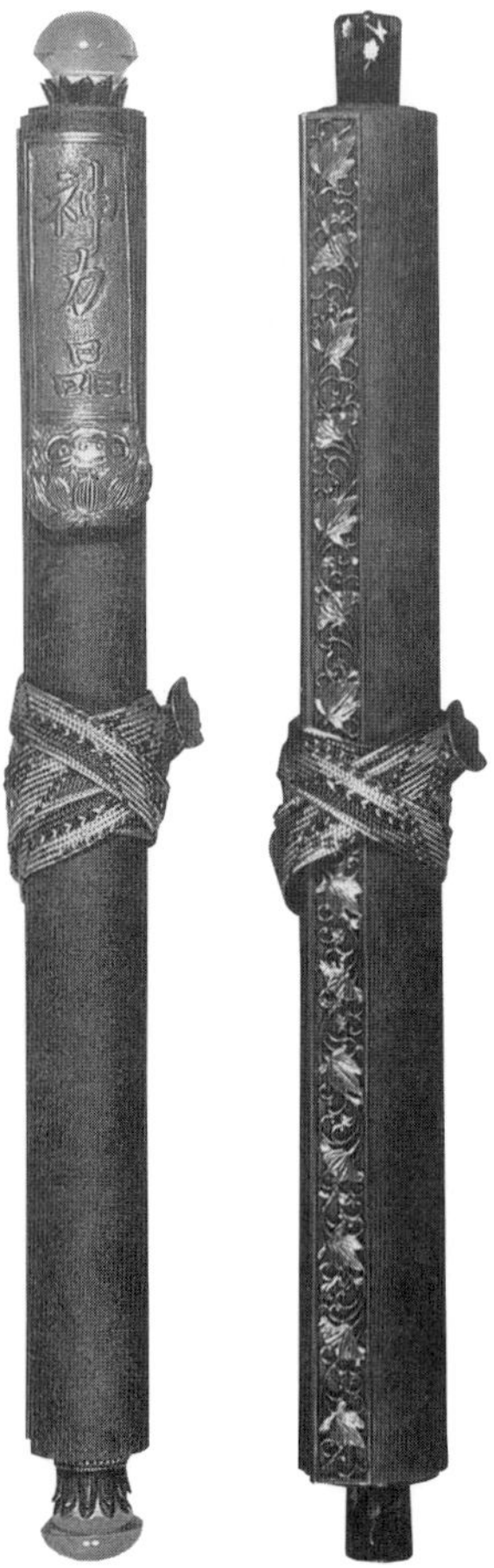

図2　経（巻物）。12世紀。日本。

ほとんど展望できないまでに膨大な量に及んだ。このアビダンマ〔論〕には、後代のすぐれた学者たちによる教えの解釈も含まれている。そのひとり、紀元後五世紀に隠者としてスリ・ランカに生きたブッダゴーサは、洞穴のなかで書き記したシュロの葉が多くなり、ついには自身の居場所がなくなってその洞穴を去らねばならなかったという。ちなみにこのブッダゴーサの膨大な著作はドイツ人の仏教僧ニャナティロカ〈252頁参照〉によって翻訳され、解説されている。

仏教の成立

哲学から宗教へ

ブッダの布教の様子は、夢のような逸話で数多く伝えられている。しかしその信憑性は、疑わしい。というのは、彼の最初の説法は、理解するにはあまりに難しく、実践するにはあまりに厳しいものだったからである。一般の大衆には、救済へつながる直接の道は与えられず、彼らが頼りにし、祈りをささげてきた神々については、何も語られていない。それゆえ大衆は、バラモン教や民間信仰からはなれなかった。ブッダの教えは、その初期にあっては宗教とはみなされず、むしろ救済について思索する一群の修行者のための哲学とみなされた。そのような状況は、ブッダの死後数百年つづいた。

世界宗教への脱皮には、政治の変化もひとつの要因となった。すでに紀元前四世紀に、ブッダの故郷のあるマガダ国は、いくつかの王朝が交代したあと、北インドの強国に成長していた。紀元前三二七年、アレクサンドロス大王〔図3〕がインダス河まで攻めてきたとき、インドの王ポロスは、そのギリシア軍の行く手をはばんだ。東西に分裂して数年後、マガダ国の首都パータリプトラにマウリア朝最初の王が即位した。その孫がアショーカ

図3　ダレイオス3世と戦うアレクサンドロス大王。ポンペイの「ファウヌスの家」出土のモザイク画。紀元前1世紀ごろ。

図4　アショーカ王円柱の獅子の柱頭。サールナート。蓮華文に載る円筒形台座に、日輪（法輪とも解釈される）と交互に登場する4頭の動物は、それぞれ「生」、「老」、「病」、「死」を象徴する。この柱頭は、明らかにアケメネス朝ペルシア美術の影響を伝える。

王（紀元前二六八年頃から二三二年にかけて在位）であり、彼の王国はインド大陸のほとんど全域を占めるに至った〔図4〕。今日なお彼は、インドを統一した最初の王としてたたえられている。とりわけ彼の名を高めているのは、彼が非暴力を国是《こくぜ》としたという事実である。

しかし彼もまた、悪名高い密偵を使ってその権力を強大化した前任者たちに劣らず、たびかさなる遠征の際には、目をおおうばかりの残虐な行為を犯したという。彼自身のことばによると、最後の大きな戦いのあとで彼は、ブッダの教えにならった浄めの道を歩みはじめたという。もちろんこのような行動には、政治的な思惑もからんでいたであろう。軍事的に成功した、しかし民衆に愛されてない王が、権力の構築後に国内の安定にこころをくだいた結果ともいえる。すなわち彼は、みずから人びとの手本となることで、またそれでもって遠い南インドの諸民族を故郷マガダに同化させようと、道徳的に要求の多いブッダの教えを取り入れたのである。もちろんこのような政治的な思惑は、難解な哲学の奥義がやさしく要約されて、はじめて成功するのであろう。そこでアショーカは、国内の平和と支配する者の安全とゆたかさを目的として、ブッダのことばを抜粋して、むしろ彼独自といえる教えを説いたのであった。その基本とされたのは、権威に対する畏敬、あらゆる暴力の否定、自制ある富の追求、道徳的義務の正確な認識とその遵守であった。この指導原理に従う者には、来世での幸福が約束されたのである。

国家宗教としての仏教

このようにして、簡潔で、しかし明らかに説得力をもつ国家的宗教が誕生した。アショーカは、この宗教をひろめるために、大きな街道の要所、あるいは巡礼の聖地や交易の中心地に、これらの勅令を刻した柱を立て、あるいはその地の岩壁にその文字を刻んだ。それらはやがて人びとの注目をあつめる名所となり、敬虔で政治的な文句は、口伝えにひろめられていった。

アショーカは、ブッダの遺骨を埋葬していた八つの墳丘（34頁参照）を掘り返し、聖遺物をあらためて分け、それらをおさめる形の似た――伝承によると八万四千の――記念碑を国の各地に築いた。このようにして生まれたストゥーパ（213頁以下参照）は、やがてブッダ崇拝の、そして仏教儀式の中心となっていった〔図5〕。アショーカはまた在家の信者に、かつてガウタマが訪れ教えを説いた聖地への巡礼を奨励し、さらには、それまで定住の地をもたなかった出家修行僧のために僧院を建てた。このような気前のよい寄進は、建築をはじめとする仏教美術をはなやかに展開させただけでなく、修行者たちの自覚をも変えた。布教という主な課題のひとつがいまや国家の手に移されたのであるから、しかも経済的にも保証されたのであるから、彼らはいまや、ただまったく自

図５　サーンチーの第三ストゥーパ。紀元前１世紀の門をもつ墳丘は、聖遺物容器の上の銘によると、ブッダの弟子シャーリプトラ〔舎利弗〕とマウドガリヤーヤナ〔目連〕の遺灰をおさめるという。

己の研鑽にのみ没頭できたのである。しかし、このようなシステムもまた、マウリア王朝の没落（紀元前一八七年頃）とともに崩壊した。そしてこれを機会に、僧院は新しい後援者の獲得に真剣に取り組みはじめた。その結果、出家修行者と在家信者の結びつきはいっそう緊密になっていった。

このようにしてアショーカ王の時代にはじめて宗教、すなわち仏教と呼べるようになったブッダの教えは、いまやガンジス河流域をはるかに越えてひろがった。王は、使者を隣接する国々におくり、そこでもブッダの教えは支持者を得ていった。さらには古代の交易の道をたどり、教えのいくつかは近東、いやギリシアにまでも達した。

ブッダの亡骸が焼かれたあと人びとは、遺灰、骨、歯をひろいあつめ、墳丘を築いて埋めた。はじめカリンガの王に分配されたブッダの犬歯は、四世紀にスリ・ランカのアヌラーダプラに至ったが、その地の統治者の遷都ともに各地を転々とした。そして最後にコッテでポルトガル人の手におち、ゴアにはこばれた。その地の大司教は、その歯を粉に挽き、焼きすてた。しかし仏教徒たちは、国外に持ち出され焼きすてられたのは模造品であると主張し、キャンディーの「ブッダの真正の歯」の上にダラダ・マリガワ寺院を建てた。今日その聖遺物、あるいはその間にそれからつくられた複製品は、七月あるいは八月の祭礼の際に、にぎやかな行列を組んで街中を巡行する。

さまざまな教説と流派

群盲象をなでる

パーリ語経典（70頁参照）のなかのひとつの有名なエピソード。あるとき弟子たちが、絶えず形而上学的な問題について論争し、ときにはつかみ合いまでする一群のバラモン教徒についてブッダの考えを聞こうとした。弟子たちは、彼らのどの説が正しいか師の意見をもとめたのだが、かえってきたのはつぎのようなたとえ話であった。

ある王が家臣に、町中の盲人に一頭の象を見せるようにと命じた。そこでその家臣は、ひとりの盲人に象の鼻を、他のひとりには耳を、さらに別のひとりには足、あるいは牙をそれぞれさわらせた。そのあとで王は盲人たちに、象とはどんなものであるか尋ねた。すると彼らは、それぞれがさわった体の部分と似たものでこたえた。すなわち、だれにも全体は見えないのであるから、意見の違いをまとめることは不可能である、と。

ブッダは、盲人をバラモン教徒のなかにだけ見ていたのではない。自分の弟子のなかにも見ていた。それだけにいっそう、細部にかかわる争いは、恨みや葛藤《かっとう》を生み、自分の死後のこころの拠りどころとすべき教え（43頁参照〕の本質を見失うことになると、繰りかえしさとしたのであった。しかし当然のことではあろうが、核のところでは変えることのできない個性というものは前面に現われ出るし、師の教えさえも独自に理解しようとするのである。

ブッダの弟子たち

ブッダのもっとも重要な弟子たちを見ても、すでにそれぞれの異なる傾向が目につく。たとえば、マウドガリヤーヤナ〔目連〕は、精神の統一と沈思で体得できると信じた超自然的能力の育成を目ざした。それに対してシャーリプトラ〔舎利弗〕は、最高の知恵の獲得に向かって努力し、それでもって、在家信者のための教説を組み立てることを目ざした（38頁参照）。このシャーリプトラの努力からは、最高の知恵を素朴な道徳と結びつける、ほとんど独自といえる流派が生まれた。そしてこの考えはのちに、初期のヒンドゥー教がバクティ〔信愛〕の理念、すなわち神に対する献身的な愛による大衆の救済の道を開き、仏教に大きな影響を及ぼしたとき、あらためて重要な意味をもつようになった。

マウドガリヤーヤナとシャーリプトラが、みずからの能力を教えのために使おうと努力したのに対し、マハーカーシャパ〔大迦葉〕は、みずからの地位を目的のために使うという仏教徒の早い例のひとつを示した。厳格な苦行の信奉者であった彼は、すでにブッダの生前に、師に対して異を唱えることもあったという。一方アーナンダ〔阿難〕は、こころ優しく善良な性格でおそらくブッダにもっとも似ていたとされる。のちにこの両者が対照

図6　シャーリプトラ（左）とマウドガリヤーヤナ（右）20世紀初頭のネパールの木版画より

的な位置に身をおくことになるのは、むしろ当然といえよう。マハーカーシャパは、第一回公会議〔結集〕の議長をつとめた。このことは、ブッダの弟子たちの間では苦行者のグループが指導的な位置を占めていたことのあかしであろう。一方「先生のお気に入り」のアーナンダもまた、この会議において、大きな影響力をもつ助言者として受け入れられた。

この第一回公会議の地には、マガダ国の首都ラージャグリハがえらばれている。このことは、マハーカーシャパが王アジャータシャトルと特別な関係にあったことを語っているのかもしれない。もちろんこのような解釈は、この会議が実際に開催されたこと、けっして（多くの研究者が推測しているように）パーリ語経典のつくり話ではないことを前提とする。いずれにしても、このことは象徴として意味をもつ。すなわちこのような世俗権力との結びつきは、今日に至るまで仏教の大きな特徴のひとつであり、ときには驚くほどの規模でなされることもある。たとえば今日のスリ・ランカの指導的な僧は、インドから移住してきたタミール人に敵対する政治家と手を結んでいる。

ブッダは、弟子たちに盲人と象のたとえ話で、細部での争いはやめるようにとさとした。このことは、彼の教えが解説を必要とする理解の難しい概念を含んでいたことによるのかもしれない。いずれにしてもすでに早い時代に、それぞれの解釈を主張する多くの流派が生まれており、それらはやがてヒーナヤーナ〔小乗〕とマハーヤーナ〔大乗〕（99頁以降参照）というふたつの仏教の大きな流れとなる。

図7　ボートで水をわたる修行者。

筏《いかだ》のたとえ

「皆さんに、教えを筏にたとえてお話しよう。筏は、それを持ち運ぶためでなく、渡すためにつくられるのです。」

ブッダはこう告げたあとで、苦難と危険に満ちた国を旅し、そこで、向こう岸に救いと苦しみのおわりが見える河に出くわしたひとりの旅人の話を語った。自分で組み立てた筏は、旅人を向こう岸に渡すであろう。しかし向こう岸に着けば、その筏はもはや必要とされない。それは、同じ苦しみをもつ人びとのためにのこされる。

向こう岸に渡る（救済）手段としての筏、すなわち乗り物としての教えのイメージは、仏教徒の流派争いに繰りかえし登場する。それは、ときにはあざけりをこめたイメージともなった。たとえば、第三回公会議において「大きな集団派」、すなわちマハーサンギカ［大衆部《だいしゅぶ》］の代議員は、上座に着く「長老たちの知恵」は「小さな乗り物」

（ヒーナヤーナ）にすぎないと非難した。長老たち旧派の教説——それはブッダ本来の教えにより近いものである——は、たしかにたてまえはすべての人間の救済を目的とする。しかしその理論の実践はあまりにも難しく、それは、ただわずかなエリートだけを向こう岸に渡すことのできる小さな筏にすぎない、というのだ。すなわちヒーナヤーナという概念は、のちに発展するマハーヤーナ「大きな乗り物」〔99頁以降参照〕より劣るというあざけりの意味を含んでいたのである。それゆえ今日にあっても、早い時代の教えをひたすら信奉するひとたちは、ヒーナヤーナということばを避け、みずからをテラヴァーダ「上座の知恵」〔上座部〕と呼ぶ。しかしこの呼び名を使うときは、仏教史の上でのヒーナヤーナには、テラヴァーダの他にも少なくとも一七の流派があり、マハーサンギカもその中に数えられることに注意しなければならない。

図8　隣り合って瞑想するヒーナヤーナとマハーヤーナの修行者。ブッダ・ガヤーにて。

図9　シッダルタ・ガウタマ以前に現われた、すなわち過去七仏の6番目カーシャパ〔迦葉仏〕。ネパール近代の木版画。カーシャパは、のちにブッダが最初の説法をする「ガゼルの森」〔鹿野苑〕に生まれたという。

テラヴァーダとマハーサンギカ

たしかにテラヴァーダにおいても、わずかな例外はあったとしても、原則的には信者に対して教団への参加を拒否することはなく、だれにも救済の道を歩む機会を与えていた。しかし、すでに第三回公会議での対立が示すように、彼らが自分たちだけの救済を前面に押し出していたことは明らかである。彼らも、たしかにブッダを歴史上の人物として理解していた。しかしやがて彼らは、師に奇跡を行なう不思議な力を見るようになった。今日においてもヒーナヤーナの信奉者は、伝えられたテクストにみずからを縛り、アショーカ王の時代に定められた規則に従う。また神学的な思弁を拒否し、かつてのブッダの弟子マウドガリヤーヤナを思い起こさせる（38頁参照）神秘主義に傾く。そして謎に満ちたニルヴァーナには、アショーカがそうひろめたように、パラダイスの性格を与える。その結果「個人」についての理解も変わり、「個人」にたましいを認め、そのたましいは、善きカルマ〔業〕をつめばパラダイスを体験できるという。

公会議においてテラヴァーダを非難したマハーサンギカの哲学については、ほとんど信用に足る証言を得ることができない。というのは、彼ら自身の文献は失われており、伝えられる報告は、彼らに敵対した側のかたよった記録をもとにしているからである。彼らは明らかに、ガウタマを絶対的なる「原存在」〔法身〕のそれ自体意味をもたないただの受肉〔応身〕とみなす考え（マハーヤーナの〔三身論《さんじんろん》〕、102頁参照）を、すでに用意していたと思われる。このような考えがどのようにして広い層のための救済の道を開いていったのか、すなわち、マハーサン

図10　女性仏教徒の行列。ビルマ、パガンのナンダマーニャ寺南窓脇の壁画。13世紀。

ギカとのちのマハーヤーナとの関係を探ることは、今後の課題であろう。

新しい流れの源は、すでにアショーカ王の時代に生まれていた。マハーサンギカは、最高位の聖者アルハト〔羅漢〕に疑問をいだいた。彼らは、聖者が夢でマーラの娘たちの誘惑に負け、夜な夜な精をもらすと指摘し、それゆえアルハトといえども、自身が思い込む救済の域にけっして達していないというのである。

経典のなかの疑問

ひとつ補足しなければならないことがある。教えの経典のなかへの文字による確定は、ある種のよどみを生むということである。たとえば、仏教における女性観である。経典はいう、「女には気をつけなければいけない。賢い女は何千の愚かな女のなかでたったひとりである。女の性格は、魚が水のなかで行く道より見えにくい。女は盗賊のように野蛮で陰険である。女が真理を語ることはほとんどない。女にとって真理と偽りは同じである」と。人間の平等を説き、女性の教団を創設したブッダ（33頁参照）が、このような説法をしたとは考えられない。のちの世代がブッダの見解を批判し、このような評価をブッダのことばのなかにまぎれ込ませたことは明らかであろう。それは文字で書きとめられると拘束力をもち、今日までひそひそと語られるのだ。

今日のヒーナヤーナ

スリ・ランカ

アショーカ王の時代にインドの近隣諸国に派遣された布教師のひとりに、王の息子（あるいは兄弟）のマヒンダがいた。紀元前二五〇年頃彼は、わたしたちが今日スリ・ランカと呼ぶ島に着いた。そして今日までこの島で仏教は、のちのインドやヨーロッパからの侵入者の思想にほとんど影響されることなく、テラヴァーダ、すなわちヒーナヤーナの形で伝えられている。

ブッダにとって、定住の地をすてる出家は大切な行為であった。彼は、修行者が一定の地にとどまることは危険とみなしていた。それは、同一人物との深いつながりを生み、そのようなつながりからは必然的に、修行の目的にそぐわない社会的義務、そして声望を気にする、さらには財産を蓄える気持ちが生じるからである。これらは、ブッダの教えと相容れないものなのである。

はじめの頃、たしかに修行者は住む家をもたなかった。ただ雨季の間、彼らは簡単な避難小屋（ヴィハーラ）に住んだ。ひと所に長く留まることは、施しものを乞い、布教を行なうことができるよう、集落からあまり遠く離れることなく、といって、邪魔されることなく瞑想に専念できるほどは離れていなければならなかった。このような小屋は、のちに生まれる僧院（同じくヴィハーラと呼ばれた）の胚芽となった。やが

図11　ミヒンターレ。スリ・ランカにおける仏教誕生の地であり、巡礼の中心地。

図12　コロンボ市庁舎前の現代のブッダ像。

てブッダの懸念は、具体的な意味をもつようになった。

というのは、僧院での生活にあっては、布教の仕事が個人の救済追求の陰に隠れるようになったからである。このことはまた、次第に修行者たちを孤立させることにもなった。くわえて、彼らは、とくに王家の寄進によってゆたかになり、また社会的地位をもつようにもなった。しかしその結果として僧院は、世俗権力者の不興を買い財政手段を失うことをおそれ、みずからを評価する目を曇らせていった。僧は、礼を失しない説法を身につけた。精神界と世俗の権力の不幸な結びつきは、数百年にわたってスリ・ランカの歴史を決定した。それは、イギリスの支配下でも変わらなかった。その頃僧院は、ひとにぎりの裕福で、多くは植民地支配者と手を結び、教団の上に大きな影響を及ぼしていた保守的な家族に依存するようになっていた。このときカースト制もまた、僧院のなかに入り込んできた。すなわち金を出す家族が、ただ自分たちの階層に属する者たちだけを僧院に受け入れられるよう手配したからである。

このような変化にくわえて、長きにわたる外国人による支配という状況も、この島の僧院の空気をよどませていった。一八世紀にビルマやタイの僧が新鮮な空気を吹き込んだこともあったが、この島の仏教の真のルネサンスは、ヨーロッパにおいて仏教への関心がおこったとき、はじめてやってきた。たとえば、一八九一年スリ・ランカにマハーボディ・ソサイエティー〔大菩提協会〕が設立され、西洋の関心をもつひとたち、さらには僧籍に入ったひとたちは、パーリ語経典の写本やその理念をヨーロッパに伝えた。

スリ・ランカの仏教に新たな活気をもたらしたのは、一九世紀末におこった独立運動であった。当時島の人びとは、ブッダの教えで彼らの民族意識を高揚させたのであった。しかし新しい政治勢力も、真の信仰心をよみがえらせることはできなかった。現今の政治党派は、彼らの政策を立てる際、有力聖職者の鼻息をうかがうことをつねとする。僧たちは、自分たちがもっとも物質的利益を期待できる党派に同意を与えるからである。たとえば一九七二年彼らは、仏教を国家宗教に定めた社会主義者に味方し、一九七七年には、左翼が教団の税金を高めようとしたがゆえに、保守党を支持した。

世俗的配慮は救済の追求と一致しないものであり、けっして権威ある聖職者にも在家信者にもすすめられるものではない。他方この島の民衆は、ブッダの教えへのまさに単純この上もない入り口を見出していた。彼らは、ブッダを「この上もなく尊いお方」とし、天の玉座にいますこの「たったひとつの高い存在」を、まったく素朴な礼拝の対象としたのである。

図13　スリ・ランカの僧。

スリ・ランカの仏教の祭典　祭暦は満月（ポヤ）を基準として決められる。小さな祭りは、満月および新月ごとに行なわれる。満月の夜には、行列が寺院に向かってすすみ、花がそなえられ、香がたかれ、経が読誦される。五月の満月（ヴェサク）と六月の満月（ポソン）は、特別な意味をもつ。ヴェサクは、ブッダの成道、誕生、入滅のお祭りであり、ポソンは、マヒンダのスリ・ランカ布教の記念日である。その他各地で、ブッダが訪れたとされる日を記念する祭りが催される。

図14　行軍する「仏教の騎士」。19世紀、ビルマ。ビルマとタイの敵対意識は18世紀に頂点に達し、ビルマの「仏教帝国主義」はタイやラオス、そして19世紀にはイギリスの植民地インドさえも支配下に置こうとした。

ビルマ

ビルマ（今日のミャンマー）からは、紀元後五世紀にヒーナヤーナが伝わった証拠がのこされている。東ベンガル（今日のバングラデシュ）の大部分が、人間の侵入を許さない荒地であった当時、ブッダの教えが陸路を経たことはありえず、おそらく盛んであった海路の交易によって、西ベンガルやインド東海岸オリッサの港からかの地へ伝えられたのであろう。九世紀にはマハーヤーナも知られたが、強い影響を及ぼすことはなかった。この新来の思想は、この地を文化の統一で政治的に安定させようとした国家によって、繰りかえし弾圧された。一一世紀にパガン朝のある王が、スリ・ランカのテラヴァーダを国家宗教として受け入れたというのは、おそらく後代の空想であろう。しかしこのスリ・ランカの仏教は、何世紀ものあいだ手本とされ、結局はビルマの仏教をかたちづくったことは事実である。同時にテラヴァーダのビルマ的変形には、土着の精霊崇拝やベンガルを経て伝わり、一六世紀まで広く行なわれたタントラ仏教（127頁以下参照）の影響も見られる。

一二八七年パガン王国はモンゴルによって征服され、一二九九年タイ族によって破壊された。このタイ族はペグーに新しい政治の拠点を置き、一四七九年ヒーナヤーナを必修の宗教とした。抑圧されていたビルマ族は、解放に成功したあとの一六世紀、逆にタイの隣人に対して「ブッダの名による」戦いをはじめた。ビルマの一部を奪い取ったイギリスとの対決は、一九世紀に教団の統一を危機に陥れた。このため一八六六年、経典の新たな確定を目的とする第五回公会議がマンダレーに召集された。この結果連帯意識は強められ、ついには独立戦争を勝利に導くたすけとなった。

一九四八年以来主権国家となったビルマは、最初は仏教と社会主義の統合を目ざし、ブッダが説く三つの根本悪〔三毒〕――むさぼり、いかり、おろかさ――を資本主義に起因するものとみなし、経済的な不公平を除くことによって「この世のニルヴァーナ」をつくり出そうとした。この大胆な試みは、一九六二年軍が権力を掌握し――これもまた仏教の名のもとで成された――、外国から隔離された強権の独裁制が生まれたとき、水泡に帰した。軍の横暴や残虐行為に対する抵抗には、僧たちも深く関与した。しかしこれとて、けっして純粋な人道的立場からのものではない。たとえば、企業の国営化の反対は、この処置が僧院のもっとも重要なスポンサーを奪うことになるからであった。

図15　キャイクティヨ・パゴダ（ビルマ）の「黄金の石」を礼拝する僧。

図16　1767年に破壊された旧都アユタヤ（タイ）の寺院建築群。

タイ

かつてタイの地に栄えた王国ドヴァーラバティでは、ヒーナヤーナは六世紀の中頃から知られていた。しかしこの宗教が目立つようになるのは、一三世紀にタイ族が中国南部からタイ、ラオス、ビルマに進出し、これらの地に仏教に基づく小さな都市国家（スコータイ、ランナタイ、アユタヤ＝シャム、ビルマのペグー、フラン・チャン＝ラオス）を築いたときである。政治でも、また精神の分野でも、指導的位置を占めたのはアユタヤ朝であり、その結果、一六世紀のビルマの侵攻（88頁参照）の標的にもされたのであった。シャムではテラヴァーダが大いに栄えたが、一七六七年ビルマによる再度のアユタヤ占領によって、その隆盛は幕を閉じた。そのとき首都は完全に破壊され、王朝は崩壊し、住民は精霊崇拝へと逃避した。一九世紀の初頭、皇太子モンクトは、タイの仏教にいくらかのキリスト教的要素を取り入れて、ヒーナヤーナの徹底的な改革を行なった。タイのヒーナヤーナのもうひとつの特徴は、支配層

図17　ワト・プラ・ケオ（バンコク）の寺院群。タイの仏教建築に典型的な上方に向かって尖ったチェディ。ストゥーパの地方的な一変形。

が今日なお利用する、中国だけでなくインドにその源を見る王家崇拝の伝統である。国家はつねに教団のことがらに口をはさみ、一度ならず仏教をみずからの目的のために乱用した。この国の人びとの間に、マイトレーヤ〔弥勒〕の世（22頁参照）が近づいているという信仰がひろまっているのも、このような政治状況と無関係ではないであろう。政治改革やクーデターに宗教的正当性が付されるのも、それらとともにマイトレーヤがこの世に下りる〔下生〕というひそやかな願いによるのであろう。

ラオス

ヴェトナム戦争の時代、タイでは多くの僧たちが反共のプロパガンダに駆り立てられた。それに対し、ラオスの教団は逆に、共産主義のパテト・ラオの側についた。これもまた、今日ヒーナヤーナを信奉する国ぐにの聖職者は、政治的出来事に積極的に参加し、多くの場合自分たちにゆたかさと行動の自由を約束してくれる党派にくみするということの例といえよう。しかしラオスでは、それはけっきょく思惑どおりにはいかなかった。

ラオスは、先にふれたタイ族が樹立した小国家のなかの最後の国として、一三五六年ヒーナヤーナを受け入れた。しかし一八世紀には土俗的な精霊崇拝に大きく方向を変え、一八九三年フランスがこの地にまで保護権を及ぼしたとき、ふたたび仏教にもどった。当時ヒーナヤーナは、外国の支配に対する抵抗運動の推進力であった。保護統治の解消（一九四五年）後では、アメリカ寄りの軍部が権力を掌握し、教団の自治権を制限することをはじめた。このことが共産主義との協調を宣言させることになったのだが、一九七五年政権についた共産党は同じように、あまりにも影響力の強い仏教教団を牽制する方向へと向かいはじめた。ラオスの仏教がより多くの自由、より高い声価をふたたび獲得するのは、国際共産主義が孤立し、仏教国である隣国タイとの国境があらためて開かれてからである。

カンボジア

かつての巨大なクメール帝国（九―一三世紀）の一部であるカンボジアは、はじめのうちヒーナヤーナの国にかぞえられなかった。何世紀にもわたってこの地に流布していたのは、第一にヒンドゥー教、そして第二にマハーヤーナであった。一三世紀にタイ族がこの国を弱体化しようとしたとき、はじめて彼らの影響のもとでテラヴァーダが定着した。そのテラヴァーダは、明らかにタイの地方色に染まったもので、とりわけ先に述べた困窮か

図18　カンボジアのジャングルのなかにあるアンコール・トムの門。1868年の銅版画。

図19　アプサラス。ヒンドゥー教だけでなく、仏教の図像世界にも登場する天界の水の妖精。アンコール。

らの解放を未来のブッダ、マイトレーヤに期待する強い傾向を示していた。政治的には、カンプチェア（一五世紀に首都をアンコールからプノン・ペンに移してからのこの国の自称）は、タイとヴェトナムの間にあって、けっして両者の緊張関係から完全に解放されることはなかった。この孤立無援の環境のなかで指導者たちはつねに新しい同盟国をもとめ、そのつど、その同盟国の宗教（キリスト教あるいはイスラーム教）を受け入れてきた。

一八四一年のヴェトナムによる占領は、カンボジアの仏教にとって最大の危機であった。ヴェトナムは、クメール文化のすべてを根絶やしにしようとしたのであった。フランスによる保護統治（一八六三年）とともに、カンプチェアにとって比較的静かな、世界の出来事から隔離された百年がはじまり、この間に、テラヴァーダのオーソドックスな形式が花咲いた。しかしやがて、外国の支配に対する抵抗運動ははじまり、僧たちもまたそれにくわわった。そしてフランスは一九五四年撤退し、カンボジアは、ラオス、北および南ヴェトナムと共に独立する。この機会に王子シハヌークは、ビルマのプロパガンダに呼応して「仏教社会主義」の実現を目ざし、「クメール・ルージュ」として知られた過激な左翼を弾圧した。このような状況の下でアメリカ寄りの軍は南ヴェトナム側につき、一九七〇年シハヌークの政権を倒した。政府軍とクメール・ルージュとの間に激しい内戦が勃発し、一九七〇年共産主義者の勝利でおわった。しかし内戦はつづき、新しく誕生したクメール・ルージュの政権の下で、多くの仏教徒が犠牲となった。彼らの生き方が、左翼の急進的な目的にそぐわないとされたのである。一九七九年クメール・ルージュはヴェトナムによって倒された。これもまた、共産主義国家に統一された隣国の倦むことのない拡大志向の結果なのであろう。カンボジアの政治的混沌とそれにともなうテラヴァーダの危機は、国際連合の介入によってようやくおさまり、一九九三年シハヌークはふたたび国の指導者の地位に着いた。

図20 コックス・バザール（バングラデシュ）の緑におおわれ、荒れ果てた仏教建築。

バングラデシュとインド

以上のビルマ、タイ、ラオス、カンボジアの大きな、そしてところによってはなお強い影響力をもつ組織のほかにも、バングラデシュとインドの南東部や仏教聖地の周辺には、悲しいまでにみすぼらしいヒーナヤーナの飛び地が存在している。そこではしかし、今その存続が政治的にも社会的にも脅かされている。

付 スリ・ランカの僧

一九世紀末からこのかた、スリ・ランカの仏教に活力を与えているのは在家の仏教組織であって、出家修行者による教団ではない。その理由はいろいろあろうが、決定的なのはおそらく、教団への加入が本人の納得、本人の動機によるのでなく、両親の指示に従うものであることによるのであろう。多くの場合男の末っ子が、八歳から十歳の年齢で僧院におくり込まれる。しかもたいていは、世俗での出世が期待できない、あるいは占い師に不幸な将来を予言された教育のない家庭の子である。

当然のことながら、そのような状況の下で僧院での生活に積極的な目的意識をもたせることは不可能であろう。しかもそこには、生涯の独身とか蓄財の放棄といった、本来ならばひとがよくよく自己を見つめて決心する生き方が待ち受けているのである。たしかに僧院からの退出のきまりはまったく形式的であり、いかなる困難もない。しかも僧は年に一度、教団にとどまるかどうか、とどまるならばその理由は何か問われるのである。それでも出て行くことには相当のリスクがともなう。僧院では若者に何の職業訓練もなされないのであり、そこでの「一般教養」教育も、国立の教育機関のそれにはるかにおよばない。その結果僧院を出て行こうとする僧には、ほとんど社会での成功の見込みはない。しかもある日ふたたび教団にもどろうとすると、彼はまたもやヒエラルヒーの最下段からはじめなければならない。

このように出家者による教団は、けっして知性の高い男たちの集団とは見られないのである。たしかにときには、驚くような学識に出会うこともある。しかしその周囲に見られるのは、教団の会則の朗誦にのみすべてを尽くす愚鈍のあつまりである。ほんのわずかな気骨のある人間のまわりのこせこせした日和見主義、信念にもとづいた諦観をもつ人間のまわりの強欲である。すべての僧を結びつけるたったひとつの共通項は、毎日の所作である。六時の朝食につづく托鉢、正午のその日最後の食事、午後は、単調な朗誦から望めば瞑想の最高段階にいたる精神修養。

図21　マータラ（スリ・ランカ）の極彩色で素朴な現代仏教寺院の壁画。このような美術が、仏教表象世界への図像による啓蒙に貢献している。

教団が均質の統一を示すことはまずなく、彼らが暮らす施設もまたさまざまである。スリ・ランカには約五〇〇〇の僧院があり、たしかに広大な私有地と資産をもつが、それらの分配はけっして公平ではない。たいていの僧院では四人ないし五人の高齢の僧が、みじめな環境でやっと生きのびている。しかし別のところには、驚くほど贅沢に暮らす老僧がいる。

このようなスリ・ランカには今日、教義というよりはむしろ社会に対する考え方で相異する三つの流派が定着している。ブッダの歯が保管され、年に一度はなやかな行列が街中を行進する田舎の都市キャンディー（77頁参照）は、シャム・ニカーヤの本拠地である。これは、一八世紀にタイからやってきた僧によって鼓吹された、本来は教団の世俗化に対抗する運動のひとつであった。しかし今日この派の信奉者たちは、例外なく上流階級の出身である。彼らはあからさまに、カースト制度の支持を公言する。これに対する反動として一九世紀のはじめ、ビルマからの影響の下でアマラプラー・ニカーヤが形成された。その今日の中心地は、南端の都市ゴールである。少しおくれて一八三五年、コロンボの近くにこの両派を物質崇拝主義と非難するラマーニャ・ニカーヤが設立された。この派に属す僧は、雨を防ぐに植民地主義者がもち込んだ傘にかわって、シュロの葉をかざすことで見分けられる。

一七世紀にスリ・ランカの仏教がそれまでにない危機を体験したとき、尼僧院は姿を消した。それは、仏教がふたたび息を吹き返したときにも、もはや再興されることはなかった。サンガの規則に従って生きる約三〇〇〇のいわゆる「八戒尼」（33頁参照）は、以後社会的に公の地位をもつことはなく、それゆえ彼女たちには、たとえば仏教大学への入学も許されていない。今日スリ・ランカの僧の生活を支配している長老たちに新しい考え方を期待することは不可能である。

東南アジア仏教史

紀元後一世紀	インドのカリンガ（オリッサ地方）より、はじめての交易船が東南アジアに向かう。
二世紀以降	中国領北ヴェトナム（アンナン）に仏教教団生まれる。
二二四年以降	イランのササン朝の興隆によりインドと西洋との往来はさえぎられ、かわって中央アジアおよび東南アジアとの交易がさかんになる。
四世紀	今日のヴェトナムの中央部、インドの影響下でヒンドゥー教の王国チャンパ誕生。
五世紀	ビルマ、ヒーナヤーナの中心となる。ジャワおよびスマトラにヒーナヤーナ伝わる。
五五〇年頃	中国の影響下にあったフナン、カンボジア王国とドヴァーラ・ヴァティー王国に分裂、後者はヒーナヤーナの一中心地となる。
五八〇年	北ヴェトナムに中国禅の拠点。
六七一－六九五年	中国僧イーチン〔義浄〕、インドおよびインドシナを旅行。
七世紀	スマトラにマハーヤーナとタントラ伝わる。
七七〇－一〇九五年	インドのパーラ王朝、東南アジアと文化の交流を図る。
八世紀	カンボジアとジャワにマハーヤーナ伝わる。
九世紀以降	ビルマのパガンにヒーナヤーナ伝わる。クメール国家、東南アジアの大部分を支配、ヒンドゥー教とともにマハーヤーナも広がる。
九三八年	ヴェトナム、中国から独立する。
九七〇年頃	マハーヤーナ、ヴェトナムの国家宗教となる。
一一世紀以降	ビルマにテラヴァーダ浸透。
一一五〇年頃	アンコールに最初の仏教徒の支配者、以後、当地のヒンドゥー教衰退。
一二八七年	モンゴル、ビルマのパガン王国を占領。
一三－一四世紀	南中国のタイ民族、タイ、ビルマ、ラオスに侵攻、その地に小国家を分立し、ヒーナヤーナを受け入れる。
一四世紀以降	スマトラの仏教、イスラム教に、ジャワの仏教、ヒンドゥー教に圧迫される。
一四〇七年	中国明朝軍、ヴェトナムを占領、仏教文化財を破壊。
一四二八年	ヴェトナム、中国軍を追放したのち儒教を取り入れ、仏教徒を迫害。
一四三一年	クメールの首都アンコール、タイに破壊され、この後カンプチェアと名を変えたこの国は、テラヴァーダに改宗する。
一四七一年	チャンパの衰亡。

一四七九年　タイ王の下でのビルマで、スリランカの教団規則が取り入れられる。
一五九二年　アユタヤ、一五六九年以来のビルマ族による支配を掃討し、テラヴァーダの中心地となる。
一六世紀　ヴェトナム、北と南に分裂し、たがいに敵対する王家は、ふたたび仏教を奨励。
一七〇七年　ラオス、多くの小国家に分裂し、それらでは、精霊崇拝が仏教を押しのける。
一七六七年　アユタヤ、ビルマによって破壊され、シャム王国の崩壊はタイにおける仏教を危機に陥れる。
一八〇二年　ヴェトナム、ひとりの皇帝の下で統一され、国の北部で仏教は新たに隆盛する。
一八〇四－一八六八年　王子モンクート、タイの仏教を改革する。
一八二四－一八二七、一八五三年　ビルマ、二度にわたってインドの英国軍と戦う。
一八四一年　カンプチェア、ヴェトナムに併合され、クメール文化抑圧される。数多くの仏教聖域の破壊。
一八五七－一八六七年　南ヴェトナム、フランスに占拠され、その地の仏教衰亡する。
一八六三年　カンプチェア、フランスの保護統治下におかれる。
一八六八－一八七一年　マンダレイにて第五回仏教公会議、古い経典を検討し、新たな規範を確定。
一八八三－一八八四年　フランス、全ヴェトナムを占拠。
一八八七年　フランスの植民地と保護統治国家、インドシナとして統合。
一八九三年　ラオス、インドシナに組み入れられる。
一九二〇年以降　ヴェトナムにおける仏教の改革運動、フランスに対する抵抗の推進力となる。
一九四〇年　日本、ヴェトナムを占領する。
一九四五年　フランス、植民地政府の再建に努め、政治的に疑いのある仏教僧を逮捕。
一九四六年　第一次インドシナ戦争勃発。
一九四八年　独立国家ビルマに仏教社会主義誕生。
一九五三年　カンプチェア、フランスの保護統治からはなれ、ビルマにならった政治を目ざす。
クメール・ルージュ地下にもぐる。
一九五四年　フランス軍インドシナから撤退、独立国家ラオス、カンボジア、北および南ヴェトナム誕生。
一九五四－一九五六年　ラングーンにおける第六回仏教公会議、仏教の世界布教を決議。
一九五五年　アメリカ、南ヴェトナムに軍事援助。
一九六四年　第二次インドシナ戦争はじまる。
一九七〇年　カンボジアのシハヌーク政権、親アメリカの軍によって倒され、内戦はじまる。
一九七三年　最後のアメリカ軍、南ヴェトナムから撤退。

一九七四年　ヴェトナム、ラオス、カンボジアにおける共産軍の勝利。クメール・ルージュ、仏教の根絶をめざす。ヴェトナムにおいても仏教徒抑圧される。
一九七九年　ヴェトナム、クメール・ルージュに勝利。
一九八七年　ヴェトナム政府、仏教徒に対する寛容な態度をふたたびとりはじめる。
一九八八年　ヴェトナム、カンボジアから軍を撤退、その地における仏教徒の緊張感も緩和。
一九九一年　ソヴィエト連邦の崩壊とともに、それまで共産主義政権だった東南アジアの多くの国で、仏教がふたたび息を吹き返しはじめる。

五　マハーヤーナ――大乗仏教

神への回帰

新しい動き

ブッダは、神とは何か、その働きとは何かと思い悩むことは、ただ救済の道を暗くするだけだと教えた。しかしそれでも、あるいはそれゆえに、ブッダを信奉するひとたちは、ただ個人的に礼拝の対象を飾り立てること、教えを自分なりによりやさしく理解することをはじめた。だからといってここに、しばしば主張されているように、宇宙の単純化されたモデルが考え出されたのではない。いや逆に、のちの仏教における結局は避けることのできなかった神学的思弁は、まさに複雑で要求の多い世界像をつくり上げたのである。そしてそのような思弁は、すでに紀元前にインドの西北部のマハーサンギカ〔大衆部《だいしゅぶ》〕にその端を発していた（81頁以下参照）。

しかし仏教の根本的な改革は、超越的な理念を具体化したいという在家信者側の願望だけではじまったわけではない。マウリア王朝の崩壊（紀元前一八〇年頃）は、この王家の支援に慣れきっていた教団にやむを得ず新しい後援者の開拓を強いたのであり（76頁参照）、そしてそこには、いまや強い経済力をもつに至った、そしてその世俗的な生き方と衝突しない救済の道を待ち望んでいた在家信者がいたのであった。そうでなくとも、救済をただみずからのためにのみ追求し、ブッダの否定した個人主義、いやエゴイズムに近づいていると気づかないアルハト〔羅漢〕に対する批判は、すでに早くから高まっていたのであった。このようにして救済の道は、純粋に哲学的にも、まっすぐ、ヒーナヤーナとは対極の方向に向かってすすんでいたのである。

図1　ブッダを礼拝する在家信者、おそらく王子ヴェッサンターラ。中央アジアの隊商都市ミラン（トルキスタン）出土の壁画。紀元後3世紀。彼は、ガンダーラ風の服装で、ヨーロッパ式の坐りかたで玉座につく。

図2　中国の巡礼僧シュアン-ツァン〔玄奘〕（7世紀）が、多くの経本を背負ってインドからの帰途につく。左手にもつ「ハエ払い」〔払子〕は、悪霊を追い払うシンボルであり、右わきのトラは、新しい教えのために戦おうとする彼の意志を表わす。向かって左上方には、蓮華座に坐すブッダ。ドゥンフアン（敦煌）出土の絹巻物より。

はたしてひとは、自分の力だけでブッダと同じ道を歩むことができるのだろうか。あるいは、ただ「より高い存在」としてのエリートだけが、もろもろの誘惑の力に傾くことなく、緊張と葛藤を克服することができるのだろうか。あるいは、それら「より高い存在」に寄進することだけが、人間的・世俗的苦しみから解放される道なのだろうか。たしかにこのような問いかけ自体に、すでにあきらめが隠れており、じじつ仏教の未来には、もはや抜き差しならない暗い影がさしかけていたのであった。

自分たちの生きる環境がブッダの時代よりはるかに悪化している、それはヒーナヤーナ、そして「長老たちの知恵」（テラヴァーダ）の信奉者の目にも厳然たる事実と映っており、彼らもまた、もはやだれもブッダのことばそのものだけでは、「さとり」への道を歩むことはできないのではないかと疑いはじめていた。たしかに「さとり」の奇跡からこのかた、異民族の侵入による混乱は、この世での生はいやおうなしに深い谷に沈みこみ、戦争や疫病をつくり出してきたではないか。人間の寿命は次第にみじかくなったではないか。そしてこのみじかい生が何度か繰りかえされたあとではじめて、本当にすばらしい世界が来るのだろうか。はたしていつの日か、マイトレーヤはひととなって現われ、この世をそのすばらしい世界に変えてくれるのだろうか。

ブッダの死から二、三百年後、すでにヒーナヤーナのあいだでひろまっていたこのような疑問は、本質のところでは、マハーヤーナの思想に近づくものでもであった。それゆえ、かつて公会議において革新と保守のふたつの流れを決裂させた敵対感情（78頁参照）もまた、次第に薄れていったことは驚くにあたらない。のちに中国からの巡礼僧は、インドのいくつかの僧院では、数の上ではるかにまさるヒーナヤーナの信奉者が、マハーヤーナの信奉者と同じ屋根の下で暮らし、教えを説いていると報告する（184頁参照）。

ブッダたちの現われ方

マハーヤーナの考えた超越的な存在は、かつての在家信者たちによって崇拝されていた土着信仰の神々と関係するものではなく、むしろ当時のバラモン教の神々に影響されたブッダそのものの現われ方とかかわりをもつ。このブッダの現われ方はまさに複雑に展開する。その基礎となったのは、——これもまたバラモン教からの借物である——ブッダに三つの身体を見る考え〔三身論《さんじんろん》〕である。その第一は、ニルヴァーナにある絶対的なるブッダの身体（ダルマ・カーヤ）〔法身〕である。これはすべてのブッダを統合する最高の権威であり、この身体（カーヤ）は、この世に属するものの精神でも感覚でも知覚することはできない。その下に位置するのは、感覚ではなく、ただ精神でのみ知覚されうる超越的なブッダの身体（サンボーガ・カーヤ）〔報身〕であり、それは知恵と思いやりに満ち、いわゆる神学上の「救済の神」に相当する。この超越的ブッダが、人間に教えを告げるために、そして人間を正しい道に導くために、——たとえばシッダルタ・ガウタマや未来のマイトレーヤのように——感覚で知覚できる、すなわち目で見えるものとしてこの世に現われるブッダの身体が、ニルマーナ・カーヤ〔応身〕である。たしかにこのニルマーナ・カーヤは、感覚で知覚できるゆえにひとのこころに入りやすい。しかし彼らは、「過ぎ行くもの」〔無常〕に属し、したがって本来は崇拝に値しない。彼らは教え導くことはできるが、救済することはできない。

超越的なる者への信頼

人間の期待はしたがって、超越的なるブッダ（サンボーガ・カーヤ）に向けられる。しかし人間は、認識や自己修練でこのブッダに近づくことができるのではない。超越者としてのブッダの救済の意図は、はじめから用意されているのである。超越者の恩寵を経験するには、ただ祈り、呼びかけ、仏像の礼拝をとおして、彼への全幅の

図3　全幅なる信頼の表現として身を投げ出すチベットの在家信者。「信心深い巡礼者は、巡礼地を一周する道、あるいは聖地をめぐる巡礼道、そしてときにはカイラシュ山を一周する巡礼道をみずからの身体で測量する。すなわち彼らは、身体を伸ばしきってひれ伏したあと、身を起こす前に頭が触れた場所に「祈りの紐」を置き、それからその紐の位置まで前進し、あらためてそこに身を伸ばしてひれ伏す〔五体投地〕。このようにして全身全精神をヌミノーゼ（霊的なるもの）にゆだねて、何日、何週間もこのようにして過ごすのである。」K. -H. エヴァーディン

信頼を示せばよいのである。ヒンドゥー教は、このこころからの帰依をバクティ〔信愛〕と呼ぶ。このバクティの概念は、紀元後の数百年間、インドにおいて展開されたすべての救済説に影響を与えた。そしてこのバクティを実践して、ことば、思考、行動において正しい生活をおくる人間は、彼岸での「さとり」でもって報われるとされた。ヒンドゥー教のこの人間の愛への確信は、仏教におけるブッダのはかりしれない力に対する人間の信頼に対応する。そしてこのことは、ヒーナヤーナにときとして現われるエゴイズムからの完全なる離反を意味する。「長老たちの知恵のグループ」の最高の目的、すなわち自己の吹き消し、それはいまやみずからの力によってではなく、超越的なる者への信頼によって達せられるようになったのである。

ブッダたちとその国土

超越的存在としてのブッダ（サンボーガ・カーヤ）〔報身〕の救済のあり方については、さまざまな説明がなされている。この超越的ブッダは、それぞれが支配する国土の主、すなわち信者に彼の国への入国を許すジナ〔勝者〕（かつての仏教学ではジャニブッダと呼ばれた）と考えられた。そしてその国土は、それを超えてはじめてニルヴァーナへの道が可能となる中間的パラダイスと理解された。このことで、それまでの教えが説いていた個人の努

力による段階的上昇の構想は、新しい性格を得た。人間は、「より高い慈悲」にすべてをゆだねて、ただブッダの国の入り口まで歩をすすめればよい。そして入国が許されれば、そこにはすでに救済が用意されているのだ。

ブッダの国土は、信者に中間パラダイスとしてのすばらしさを知らせるために、それぞれの特徴がこまごまと描写された。たとえばその国の快適な気候風土、そこに住む人間の徳の高さを述べ、さらには、そこでは女性が男性に生まれ変わることまで約束する。この素朴で、当時の最高の価値をあますことなく描くイメージの世界は、その時代に生きたマハーヤーナ仏教徒の超越的存在に対する信頼の姿を赤裸に伝えている。それぞれに異なり、それぞれの特質を際立たせるためにやがて、きよらかでひとつの曇りもない国から、わたしたちが住む不純で苦しみに満ちたこのシャカムニ〔釈迦牟尼〕ブッダの世界〔娑婆〕まで、多くの仏国土が考え出された。はじめのうちは、とりわけ日本と中国で多くの信者を得た（199頁参照）アミターバ〔阿弥陀〕ブッダのスカーヴァティ〔極楽〕国、インドの信者がより高い価値を認めるアクショーブヤ〔阿閦〕ブッダのアビラティ〔妙喜〕国が、とくに重要視されていた。スカーヴァティーは仏教の宇宙の西方、アビラティは東方（インドの地理学が地図で上に向ける方向）に位置する。のち

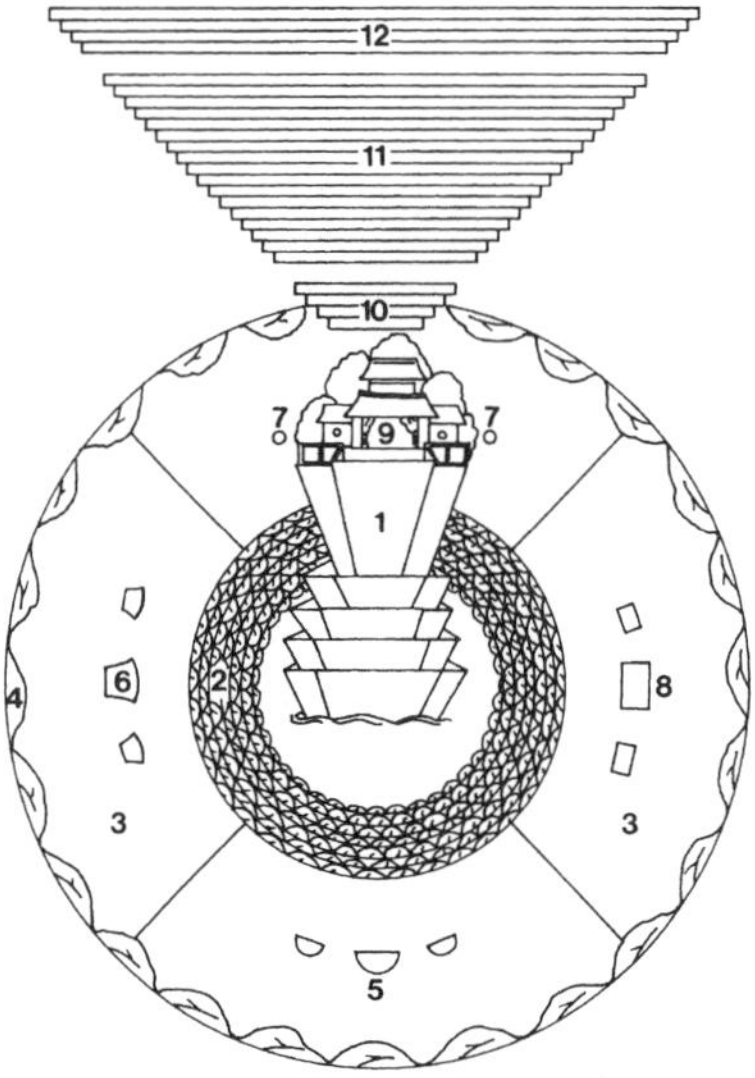

図4　仏教の宇宙図。
1. 世界の山メルー〔須弥山〕。2. 世界の山をめぐる7つの山と7つの大洋。3. 塩の海。4. 周縁山。5. パラヴィデラ大陸。6. ジャムブ・ドヴィーバ大陸〔瞻部州〕（人間の住む世界）7. アパラゴダーキャ大陸。8. ウッタラカトゥー大陸。9. ブラフマン〔梵天〕の宮殿。10. デヴァローカ（低階位の神々および魔物の世界）11. ルーパ・ダートゥ〔色界〕（純粋な形の天界）12. アルーパ・ダートゥ〔無色界〕（超越的な無形の天界）

のタントラ仏教（127頁以下参照）では、さらに多くのブッダとその国土がくわわる。このようにして、東西南北の四方、それにそれらの中心が、それぞれのブッダで占められていった。

六世紀ごろ、中心に位置するブッダは絶対的なるものの擬人化、すなわちアーディブッダ〔本初仏〕とみなされ、それまで知覚されないとされていたダルマ・カーヤ（102頁参照）もまた、姿を現わすこととなった。はじめのうちこの位置は、ヴァイローチャナ〔毘盧遮那〕・ブッダによって占められていたが――そして今日でも東アジアではその位置が確保されている――、やがてインドではヴァジュラサットヴァ〔金剛薩埵〕、チベットではヴァジュラダーラ〔執金剛神〕およびサマンタバードラ〔普賢〕によって取って代わられた。

ボーディサットヴァ（ボサツと略記）〔菩薩〕もまた、新しい解釈を得た。先を見る目と深い知恵でボサツたちは、かつて歴史的ブッダがそうであったように、当然の「さとりの候補者」とみなされていた。しかしいま彼らは、すべての人間の幸せのために自身の救済を断念した。マハーヤーナ仏教では、つぎの生涯では仏国土に生まれ、そこからニルヴァーナを目ざすという願

図5　超越的ブッダのひとりアミターバ（「測り知れない輝きの充満」の意）。両手で施しものを受ける鉢をもち、西方の仏国土スカーヴァティに坐す。チベットのタンカより。

いより、ボサツになるという目標の方がうわまわったのである。そしてボサツたちもまた、それぞれの仏国土に配属せられた。重要なボサツとしては、たとえば最高の善意で満たされたアヴァローキテーシュヴァラ〔観音〕、あるいは最高の知恵の持ち主マンジュシュリー〔文殊〕が挙げられる。

付 仏国土の主たち

アクショーブヤ〔**阿閦**〕　強さの具現化。超越的なブッダとして右手を地に触れ（印相については240頁参照）、左手は永遠の象徴としてのヴァジュラ〔金剛杵〕をもつ。また仏国土アビラティの主としては左手に施し物を受ける鉢をもち、したがってヴァジュラは台座に表わされる。台座には、象徴の動物である象も登場する。彩色表現の際の象徴の色は青黒色。

アミターバ〔**阿弥陀**〕　長寿の具現化。超越ブッダとして瞑想の姿勢で表わされ、この点では歴史的ブッダの姿に似る。象徴の色はアミターバでは赤、ガウタマは金色。仏国土スカーヴァティの主としては施し物を受ける鉢をもち、台座には清浄の象徴である蓮華や象徴の動物である孔雀が登場する。

アモーガシッディ〔**不空成就**〕　勇気の具現化。それゆえ大胆不敵を約束する印相アバヤ・ムドラー〔施無畏印〕を結ぶ。他方の手にはヴァジュラをもつ。このブッダは四大のうちの水と関係づけられ、しばしば大地の湿りの象徴の蛇に守られる。乗る動物はガルダ〔迦楼羅〕。象徴の色は緑〔図6〕。

ラトナサンバヴァ〔**宝生**〕　右手は慈愛の印相ヴァラダ・ムドラー〔与願印〕を結び、左手にあらゆる願いをかなえる宝石チンターマニ〔如意宝珠〕をもつ。乗る動物は馬、象徴の色は金色。

ヴァイローチャナ〔**毘盧遮那**〕　教えの印相ダルマチャクラ・ムドラー〔説法印〕を結び、あるいは手に日輪を

図6 超越的ブッダのひとりアモーガシッディ。北方の仏国土の主。右手を上げ、守護を約束する印アバヤ・ムドラー〔施無畏印〕を結ぶ。ネパールの現代木版画。

図7 すべての自然法則の支配者ヴァジュラサットヴァ。彼において絶対的なるものが具現化するがゆえに間接的にすべての仏国土の支配者。ネパールの現代木版画。

もつ。ときには四面で表わされる〔すなわちすべての方向を見る視線をもち、それゆえすべてを知る〕。乗る動物はライオン、象徴の色は白。

ヴァジュラサットヴァ〔**金剛薩埵**〕 五つに尖ったかぶり物を頭に載せ、胸の前においた右手に永遠、ニルヴァーナ、男性を象徴するヴァジュラ、腰の高さにおいた左手に無常、サムサーラ〔輪廻〕、女性を象徴する鈴〔ガンター〕をもつ。象徴の色は白〔図7〕。

ヴァジュラダーラ〔**執金剛神**〕 持ち物は前者と同じであるが、両手は交差させており、象徴の色は青黒色。

新しい救済の道

大きな乗り物

より高い権威の力を借りる救済への信仰は、ブッダの教えに近寄りやすい道を開いた。救済の道をただ少数のエリートのための細い道とする狭い考えは棄てられた。この「新しい仏教」は、より多くのひとたちに用意された「大きな乗り物」（マハーヤーナ）であった。

「古い知恵の教え」、すなわちヒーナヤーナが目指したみずからの力による救済は、もはや現実にそくした目標ではありえず、信者はむしろ外の力に頼るべきだとするのが、マハーヤーナの基本的な考えであった。そしてその考えは、三つの重要な考察によって正当に根拠づけられた。そのひとつは、超越的なブッダは地上的なブッダの上に位置する、ということが絶対の前提とされたこと。しかもあらゆる人間にはその超越的ブッダの本質の一部が隠れており、それゆえすべての人間は、はじめから救済の可能性をはらんでおり、彼にとってニルヴァーナは当然の期待である。そのふたつは、人間はたがいに連帯しているのであり、それゆえカルマ〔業〕は個々の人間の善きあるいは悪き行為に起因するのでなく、むしろさまざまに絡んで他人の行為と結びついており、したがってすべての人間によって共同で責任をとられるべきものである。このことからこの世にあってはより大きな団結が生まれ、あの世にあっては精神的功績あるいは罪過を相殺する可能性が生まれる。その三は、しかし人間は、あまりにもよく知られているように、功績をはるかに超える罪過を分かちあわねばならないのであるから、努力する者に救済可能なカルマ〔業〕を与える道が、ボサツによって用意されねばならない。

図8　パドマパーニ「蓮華をもつひと」〔蓮華手菩薩〕。鍍金ブロンズ。ギャンツェ（中央チベット）。16世紀。このボサツは、救済の道を歩む信者のかたわらに慈愛をもって立つ。

スートラとシャーストラ

ここに、みずからの力で苦しみの根源――むさぼり、いかり、おろかさ――をぬぐい去ろうとするヒーナヤーナの努力は、世俗を超えた力に頼ってブッダの性質〔仏性〕――それとともにブッダの認識――をみずからのうちに見つけ出そうとするマハーヤーナのこころみに対して、意味を失った。このような流れは、マハーヤーナの信奉者たちに、すでに紀元前一世紀に多くの文献に散見していた楽観主義をもたらした。この「新しい仏教」のテクストは、あるものはスートラ、あるものはシャーストラと呼ばれる。両者の違いは、そこに著者自身の見解が現われているかどうかである。

一群のスートラは、ブッダの真正のことば、すなわち歴史上のブッダが同時代の人びとに告げたにもかかわらず、彼らが理解できなかったがゆえに隠しておかれた教えを伝えるものだという。また別のスートラは、歴史上のブッダではなく、まさにいま新たに登場した超越的ブッダのことばとみなされ、それゆえ議論の余地のないものとされた。他方シャーストラは、スートラを解釈し、ブッダの真の目的を究明しようとする、なかにはその名前が知られる世俗の学者たちの著作であり、歴史的に公に認められているものをいう。

プラジュニャー・パーラミター

これらスートラやシャーストラに繰りかえし現われ、考察や解釈の対象とされたひとつの概念が、プラジュニャー・パーラミター(「彼岸に到達する知恵」の意)〔般若波羅蜜〕である。すでにマハーサンギカ〔大衆部〕は、長老派のジュニャーナ「知識」をプラジュニャー「知恵」〔智慧〕に置き換えていた。ジュニャーナとは、正と邪、是と非の違いを認識し、世俗的な判断を働かせることを意味する。しかしマハーヤーナの信奉者にとっては、そこには現実の一部が隠れているにすぎない。それに対して彼らは、プジュニャーを知的手段では獲得されないもの、ニルヴァーナとの接触を許されるもの、何か合理性を超えたものとみなした。わたしたちは、だれのうちにも意識されずに埋もれているこのプラジュニャーをたしかに非常に難しいことではあろうが、何らかの方法でもって表に浮かび上

図9　ビハール(北インド)出土のシュロの葉〔貝葉〕写本。1150－1175年。中央に、パリニルヴァーナに入るブッダの図(9章23、27図参照)。

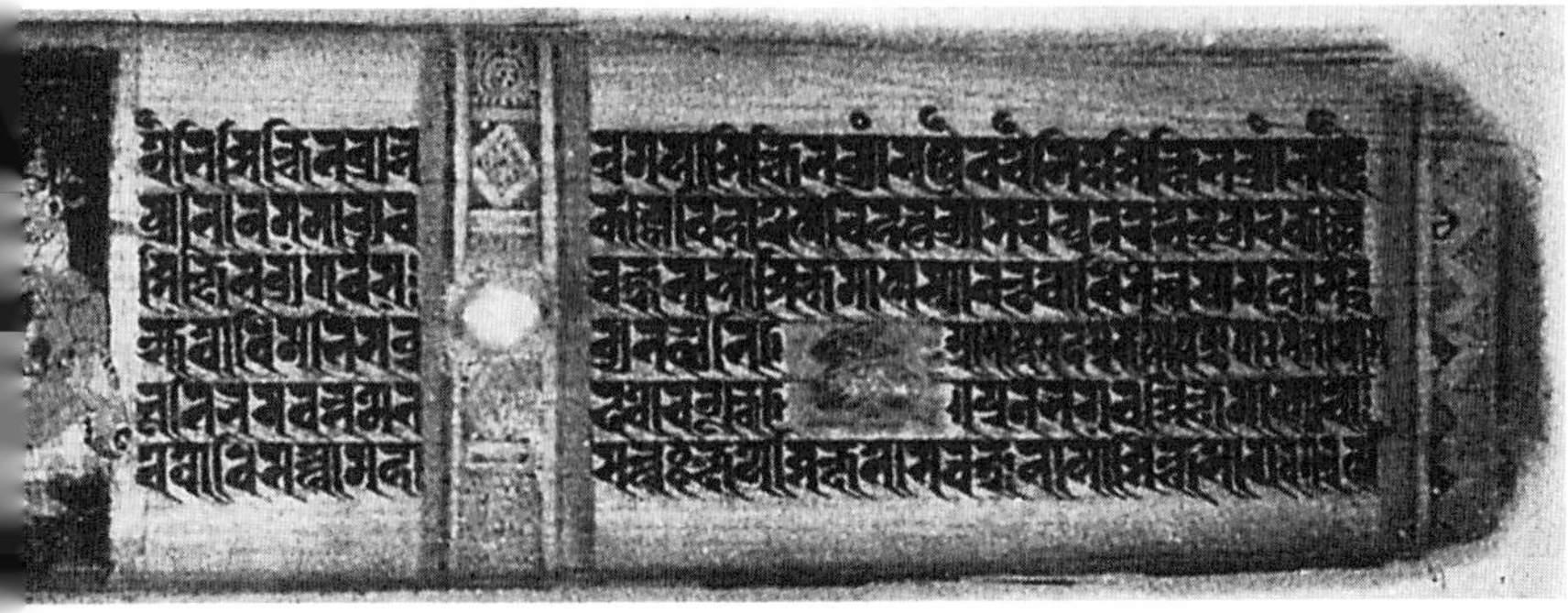

図10　プラジュニャー・パーラミター。11世紀後半のシュロの葉写本の一部。中央にボサツは、４本の腕をもつ女性の姿で表わされている。

がらせることができるのではないだろうか。しかも儀礼的な行為でもって、思考の中心に押し出すことできるのではないだろうか。このような考察の結果、のちにはプラジュニャー・パーラミターそのものが信仰の対象とされ、ついには悩み苦しむ者を助けて救済を得させる女性のボサツとして擬人化されるに至った〔図10〕。問題は、プラジュニャーをわたしたちのうちに見つけ出すこと、悩み苦しむ者たちを世俗の枷《かせ》から解放すること、彼らのために彼岸への門を開けることであった。これが、のちにタントラにおいて完成される「絶対的なる者への信頼の仏教」のための哲学的準備段階であった

（102頁以下参照）。

シューニヤター

プラジュニャー・パーラミターと並ぶマハーヤーナのもうひとつの中核的な概念は、シューニヤター〔空性〕（名詞）である。これは、まず第一に「自我」というものは存在しないという早い時代の教えの認識に関係する。世界は空（シュウーニア）（形容詞）であり実体がない。このことを確認することでブッダは、わたしたちが生を幻想に縛りつけていること、そしてその幻想がわたしたちをまちがった、救済されえない行為に向かわせていることを示した。本来空であること、有るべきものが無いことは、つらく、はかないことであろう。これは、マハーヤーナによって完全には取り除かれなかった「空」のひとつの否定的な面である。この古くからある否定的な概念の名詞形シューニヤター〔空性〕が、「大きな乗り物」のために、むしろ新しい展望を切り開いたのである。すなわちこのことばでもって、主体と客体、生命体と物体、いやサムサーラ〔輪廻〕とニルヴァーナが本質的には同一であることが示されたのである。このような枠組みを理解すること、自己をシューニヤター〔空性〕と認識すること、それが救済をもたらすのである。なぜなら、「空」はすなわち、ことばでは把握されない絶対的なるものだからである。

シューニヤター〔空性〕によって満たされた世界は現実なのか、あるいは錯覚に過ぎないのか。ひとはこの問いかけに、じつに多くのこたえを用意してきた。ところで次のようなこたえは、今日の考え方にとってもひとつの試金石とならないだろうか。砂漠で渇いた者は蜃気楼を追い、ついには疲れはてて死ぬ。わたしたちはその蜃気楼が幻であること知る。まちがった視覚印象が旅人をだまし、死にいたらしめたのだ。では、他のものは真実であるといえるだろうか。あらゆる判断は、わたしたちが同じように疑うことができる他の感覚——触覚、味覚、聴覚、嗅覚――の印象に基づいているのではないだろうか。今日優勢な経験論者の主張する判断基準もまた、マハーヤーナの理解にしたがえば、たんなる幻にすぎないのではないだろうか。それゆえマハーヤーナは、あらゆる決定を回避し、現実と非現実の中間を見つけ出そうと努力する。眠っているあいだは夢が現実であり、生きているあいだは現実が夢なのだ。

「理解しなければならないことは何もない、じっさい、理解しなければならないことは何もない。なぜなら、何も告げられないし、何も説明されないから。」
『アスタサハスリカ・プラジュニャー・パーラミター』〔八千頌般若波羅蜜〕

第二のパラドックス。「何もない」は、「空」の同義語として使われている。「空」が無でないことは、実際上の使用によって理解される。数学におけるゼロの導入(まちがってアラビア人に帰せられている)は、古代インドにさかのぼり、マハーヤーナの「空」の定義と深いかかわりをもっている。ゼロは、加・減・乗・除に従わないが、得失を決定する高い価値を与えられている。

マードヤミカ

マハーヤーナのなかでも、シューニヤター〔空性〕とプラジュニャー・パーラミター〔般若波羅蜜〕の問題にとくに集中して取り組んだグループは、マードヤミカと呼ばれる。マードヤマ(「中間」の意)は、存在と非存在の中間の道に関係する。何かが存在していると確認すること、それは、それが生き物であれ無生物であれ、そのものに永遠性や非壊滅性のあることを確信することである。しかしそれは、その反対の主張と同じく正しくない。これが、マードヤミカ〔中観派〕の見解である。ブッダの説いた縁起(パティッチャ・サムウッパーダ)(53頁参照)、それによって説明されるシューニヤターの真理は、この中間に位置する。是認は、否認と同様、避けねばならない。シューニヤター〔空性〕においては、否定も肯定もない。それゆえ、中間の道を見出した者だけが、救済に到達することができる。

ナーガールジュナ

この哲学は、紀元後二世紀の南インドの思想家ナーガールジュナ〔竜樹〕〔図11〕で頂点に達した。このバラモンの息子は、僧院ナーランダーで学び、のちに教師として南インドのナーガールジュナコンダやアマラーヴァティーで活躍した。他の多くの者たちと同様彼もまた、ブッダの真正のことばを所有していると主張した。サールナートでの説法で、教えの輪〔法輪〕をはじめて動かしたときブッダは、同時代の仲間には理解できなかったより高度な教えを天にのこした。それは、ある洞穴のなかで蛇（ナーガ）によって守られていたのだが、それをナーガールジュナが書き物として発見したというのである。

図11　蛇に守られた、南インド出身のマハーヤーナの偉大な教師であり、「新しい知恵の派」の創始者ナーガールジュナ。現代ネパールのタンカより。

この「新しい知恵の派」は主張する。人間のあらゆる知識は真実ではない。いや真実ではありえない。それはただ、わたしたちは何も知らないということを証明するだけである。わたしたち自身のうちある「ブッダの性質」〔仏性〕という考えもまた彼は、（はっきりではないとしても）否定した。

彼の主張はつづく。すべての事物や概念は、空（シュウーニア）である、救済は、「存在するでなく、存在しないでもない」ということに、より高度な真理を認めることにある。このより高度な真理以外にも、わたしたちの実在という現象を説明する、すなわち究極のところでは同じく空（シュウーニア）であるブッダの存在を説明する、伝統的な、限られた範囲では有効な真理も存在する。しかもこのふたつにあって、別の真理を欠いたひとつの真理の存在は考えられない。なぜなら、地上の現象に関する限定された真理が存在してこそ、はじめてより高度な真理を認めることは可能とされるからである。

それゆえ何が正しく何が正しくないのかという問いは、ナーガールジュナにとって二者択一の問題ではなく、ただ問いかける人間の観点の現われにすぎない。このことは、彼の著作のなかの一見逆説に思える多くの発言を説明する。けっきょくのところナーガールジュナは、救済された者の立場から、ただ

図12　ビハール（北インド）の僧院大学ナーランダの跡。中庭や僧坊の位置を明確に示す。かつてナーガールジュナが学んだとされるこの僧院は、公式には紀元後440年頃、グプタ朝のもとで創建されたとされ、最盛期には1万人を超える修行者が住んだという。7世紀の中国の巡礼僧シュアン-ツァン〔玄奘〕（116頁補足参照）もまたここに5年間滞在したという。

「(ナーランダーの僧院の)南側には、ボーディサットヴァ・アヴァローキテーシュヴァラ〔観音菩薩〕の立像がある。ときおりこのボサツが、手に香料壺をもって、ヴィハーラ〔僧坊〕のほうに向かい、そこで右に折れて歩まれるのが見かけられる。像の南方にはストゥーパが築かれており、それは、ブッダが三ヶ月のあいだ伸ばしたあとで切った髪の毛と爪をおさめている。重い病にかかり、ストゥーパのまわりを祈りをこめて周歩するためにやってきたひとたちのほとんどは、その病からいやされる。…壁の内側には、高さ約八あるいは九尺の、幹の分かれた珍しい木が生えている。かつてタターガタ〔如来〕がこの地に滞在なされたとき、ここで爪楊枝を大地に投げられ、それが根を生やしたのである。以来長い年月が過ぎたにもかかわらず、その木は大きくなることも小さくなることもない。」

中国の巡礼僧シュアン-ツァン〔玄奘〕の旅行記より

ことばにならないことを確認することができたのである。

五世紀にマードヤミカは、プラーサンギカ〔帰謬《きびゅう》論証《ろんしょう》派〕とスヴァータントリカ〔自立論証派〕のふたつに分裂した。前者は、ナーガールジュナの説でもってただ他の教説を帰謬的に、すなわち背理法でもって、論破することに専念したのに対し、後者は、相手の説を否定することから生まれる、いやただそれからのみ生まれる教説のうち、利用できるものを認めた。一〇〇〇年頃、マードヤミカはインドから消えたが、チベットに受け入れられ、さらには東アジアの広い範囲に影響を及ぼした。

チッタマートラ

これまでシューニヤター〔空性〕とそれから発展した救済の道、および「絶対的なる者への信頼」について述べたが、マハーヤーナにはもうひとつ大切な教説がある。それは、世界とは何か、ニルヴァーナとは何か、絶対的なるものとは何かという問いに、すなわちそれは「ただこころである」と、唯一積極的にこたえた学派による教説である。それに対して他の教説は、形而上学的思弁を禁じたブッダにならって、これらの概念について積極的に論じることはなかった。「ただこころ」とは、客観的なるものは何も存在せず、すべてはただ「こころ」に浮かぶ幻想であるということを意味する。宇宙をこのように解釈することから、この学派のひとつの呼称チッタマートラ〔唯心派〕は生まれた（チッタは「こころ」、マートラは「それだけ」の意）。別の呼称ヴィジュニャーナ・ヴァーダ〔唯識派〕は、この派の信奉者にとって世界は認識することによってはじめて存在し、その世界における苦しみは認識を棄てることよってのみおわらせることができると主張することによる（ヴィジュニャーナは「認識」、ヴァーダは「教説」の意）。このような考えは、「人間は錯覚に屈する」とする初期仏教の教えのもっとも首尾一貫した継承であるともいえよう。

ヴィジュニャーナ・ヴァーダ〔唯識派〕の考えは、すでに紀元後一世紀頃の文献に登場する。しかし充実した学説として展開されたのは、三〇〇年以後である。伝えられているテクストのあるものは、おそらく不完全な書き写しによるのであろうが、非常に混乱しており、すでにその理由から、それでなくとも複雑なこの派の体系を細部まで精確に解明することは困難とされる。

この学説の基本的な特質は、絶対的なるもの、それはすなわち、純粋な形における「こころ」であるとする。そしてそのこころは、カルマ〔業〕によってその純粋な形をこわされ、人間の虚妄をつくり、またそれに刺激を与える。すなわち人間は、実際には存在しない客観的世界をこころに浮かべ、そしてさらなる幻想を生む新しいカルマをつくるのである。世界、その世界を夢みる人間、その夢みる人間を夢みる人間、それらは結局、夢以外の何ものでもない。このはてしなくつづく夢からの救済、それを可能とするのは、すべてはただこころだけであるという認識である。しかし、このことを認識できる人間は存在しない。ゆえにそれは、絶対的なる者においてなされなければならない。すなわちその絶対的なる者が、主体と客体を幻想することをやめるのである。

このように思索すること、それ自体すでに、宇宙について深く考える必要はないとする初期仏教の原則から、あまりにも遠くかけ離れてしまった。またこのヴィジュニャーナ・ヴァーダとともに、苦行、呪術、トランスと

図13　ヴァスバンドゥ〔世親〕（左）とアサンガ〔無着〕。4世紀にペシャーワル（北パキスタン）のバラモンに生まれた彼ら兄弟は、ヨーガーチャーラの代弁者として活躍し、とくにアサンガは、絶対的なこころに近づく手段としてヨーガの実践を説いた。

いったものが、救済にとってふたたび重要な役割を演じるようになったことも忘れてはならない。このような付随現象からもわかるように、もともとわたしたち人間の思考方法は、絶対的なものとしてのこころに近づくことに適していないのである。それゆえにたとえば、現象の世界を消し、幻覚を生むトランスが必要とされるのである。そしてここに、純粋なこころに近づく道の第一歩がはじまる。このような、たとえばトランスへの希求から、「ただこころ」を原理とするこの派の三つ目の呼称ヨーガーチャーラ（ヨーガ「瑜伽」、アーチャーラ「修行」）〔瑜伽行派〕は生まれた〔図13〕。このヨーガーチャーラもまた、一〇世紀の末にはインドから消えたが、その影響をヒンドゥー教のうちに、そしてとりわけチベット仏教のうちにのこした（151頁以下参照）。

付　ボサツの慈愛

ブッダは「さとり」のあと、まだしばらく菩提樹の下にとどまっていた。そのときまたもや悪魔マーラの挑戦をうけた。ただちにニルヴァーナに入るか、あるいはその前になおみずからの体験を語り、人間たちに自分と同じ道を歩む可能性を与えるか、どちらをとるかとせまられたのである。慈悲の念からブッダは、法の輪を動かすことを決心した。しかし「中道」が公にされれば、もはや教える者は必要とされない。この限りにおいてガウタマの「さとり」は、たった一度の出来事であった。このときから、ブッダと同じゴールを目ざす者は、もはや他のひとの幸せに思いを馳せる必要はなかった。しかしそれでもヒーナヤーナの修行者たちは、自分のみの利益〔自利〕を追求するとの非難を受けた。「さとり」への彼らの努力は、エゴイスティクあるいはうぬぼれと見られたのである。

ヒーナヤーナの僧院を訪ねたことのある者は、そこの多くの僧がこの教えに対する批判を毅然と克服しているとは思えないのではあるまいか。彼らは、一見したところじつに穏やかで明朗な印象を与える。しかし彼らは、自分の生きる目標にあまりにもかたく縛られ、まだいくらかでも他のひとたちと結びついているとは見えないのである。このような孤絶した姿には自我に対する執着、すなわち教えの基本に対する違反が隠れている。

それゆえマハーヤーナは、すべての人間の救済を目ざし、別の理念、すなわちボサツの理念を展開させた。ボディーサットヴァ（「さとりに向かう存在」の意、略してボサツ）は、教えるのではなく、実際にたすけるのである。この課題を果たすためには、ボサツは自身のニルヴァーナを断念しなければならない。仏教において、これ以上の気前のよさ〔布施〕はない。それは、自分の利益〔自利〕からの離脱の最高の段階である。独立独歩のアルハト〔羅漢〕も、あるいは世俗に利することがあるかもしれない。しかしボサツの世俗とのつながりは、それをは

図14　ボサツの慈愛の手にすがる仏教徒たち。19世紀チベットのタンカより。

るかに超える。このことはまた、マハーヤーナにおいてはニルヴァーナへのあこがれが、ボサツへのあこがれの陰に隠れてしまうことの説明でもある。しかしあこがれる者は、徳の実践でもってボサツへの階段、ジャワのボロブドゥールが建築でもって象徴的に表わす(149頁図20参照)、あの階段を一歩一歩昇らねばならない。この精神的な上昇運動は、六つ(のちの教説では一〇)の徳目(パーラミター)〔波羅蜜〕を磨くことである。すなわち、気前のよさ〔布施〕、自己の抑制〔戒〕、忍耐〔忍辱〕、意志の強さ〔精進〕、瞑想〔禅〕、知恵〔智慧〕である。

その道は、一方では彼岸の国へと導く。しかし同じ道が、他の人びとを助けることをただひとつの目的として努力し、苦しむこと意味する。不思議なことに、このような道をひとりの人間が歩まねばならないのである。このことは、先に述べたブッダの三種の現われ方〔三身論〕(102頁参照)でもって説明されうる。ボサツとは、さとりへの道を歩み、しかし限りない慈悲ゆえに、その道を最後まで歩むことを断念するひとりの人間である。そしてそれとは別に、一段と高いところ、すなわち徳を積んだ人間が死後到達する中間パラダイスには、世俗を超えたボサツがいる。彼らは、完成された存在であり、超越的なブッダと地上の世界を仲介するための、また悪いカルマ〔業〕の重荷を取り除くための超自然の能力を有している。そして超越的なブッダもまた、ここではまだ吹き消えること(ニルヴァーナ)を断念している。

仏教の資料には約二〇〇の超越的ボサツの名が伝えられており、そのなかの重要なボサツが、それぞれの仏国土に配属されている。ヴァイローチャナ〔毘盧遮那〕にはサマンタバードラ〔普賢〕、アクショーブヤ〔阿閦〕にはヴァジュラパーニ〔金剛手〕、ラトナサンバヴァ〔宝生〕にはラトナパーニ〔宝手〕、アミターバ〔阿弥陀〕にはアヴァローキテーシュヴァラ〔観音〕、アモーガシッディ〔不空成就〕にはヴィシュヴァパーニなど。のちには重要なボサツとしてマンジュシュリー〔文殊〕やマイトレーヤ〔弥勒〕がくわわり、六世紀ごろからは、危険から守ってくれる緑ターラーや救済をたすけてくれる白ターラー、あるいは知恵を守るプラジュニャー・パーラミター〔般若波羅蜜〕など、女性のボサツも登場する〔図15〕。

図15　ヴァジュラターラー。救済を助ける女性の化身。11世紀。サールナート出土の石彫。

しかしニルヴァーナを断念するのであるから この慈愛は、ボサツにとって本来耐えがたい苦しみのはずである。なにゆえにボサツは、そのような苦しみの道をえらぶのだろうか。それは、次のように説明される。すなわちマハーヤーナにおいては、生きとし生けるものは「ひとつ」と理解される。他人もまた、ボサツと「ひとつ」である。すなわちボサツにとっては、他のだれかを愛することは、けっして課せられた課題ではないのである。また仏教では、三つの根本的な悪〔三毒〕——むさぼり、いかり、おろかさ——ゆえに、人間は快楽へと道を誤り、サムサーラ〔輪廻〕の苦しみにおちるとされる。ならば、ボサツが苦しみに耐えうるのは、ただそうすることでもってのみ彼らは、他の者（それはすなわち自身でもある）をその根本的な悪から解放することができるからである。

今日のマハーヤーナ

マハーヤーナのひろがり

マハーヤーナは、ただ慈愛による救済だけを目ざすだけではない。マハーヤーナは、単純な礼拝から難解な哲学、積極的な徳の実践にいたるまで、多くの救済の道を提供する。それゆえ、この教えの呼びかけにはじつにさまざまなひとたちが、こたえることができた。そしてこの「大きな乗り物」の根本にあるのは、共同体の意識である。この意識は、たしかにヒーナヤーナでも知られている。しかしそこでは、それはほとんど僧院での生活に限られている。この共同体意識、すなわち共同体であることによる安心感、共同体であることによるこころのぬくもり、それがこの宗教を——おそらく五世紀に——確固とした形につくり上げ、やがてアジアの広い範囲へ拡大させたのである。

九世紀にはじめて、インドにおけるマハーヤーナの信者の数は、ヒーナヤーナのそれをうわまわった。しかしまもなく仏教は、その発生の地で意味を失った。哲学と儀式はヒンドゥー教にあまりにも近づき、両者の区別はほとんどできないまでになってしまったのだ。そしてヒンドゥー教は、より古い根をもつ宗教として、みずからの道を貫

図16 パハルプール（バングラデシュ）のソマプラ・ヴィハール（8世紀）の遺跡。

徹した。それでもビハールやベンガル地方にまだ生きのこっていた仏教寺院は、一一世紀から一三世紀にかけて徐々に放棄されていった。それらは、多くのひとたちが主張するように、イスラームの侵攻で破壊されたのではない。

ネパール、ブータン、タイワン

しかしマハーヤーナ仏教はすでに、チベット、中国、そしてそこから朝鮮を経て日本へと伝えられていた。この重要な展開については、あとのふたつの章で独立して紹介する（151頁以下および195頁以下参照）。上にあげた国々以外では、ネパール、ブータン、タイワンにマハーヤーナが、それぞれ特異な形でもって伝えられている。今日のネパールで住民のほとんどが信仰の対象としているのは、仏教とヒンドゥー教の混合したものであり、ブータンではラマ教とタントラ仏教の変形であり、それはチベットでみごとに花開いている。また儒教の影響の強いタイワンでは、儀式と迷信が支配する民間信仰の一部に、仏教の余韻が認められるにすぎない。

今日にのこるサンスクリットのマハーヤーナ文献資料の大半は、ネパールに発見されている。この歴史上のブッダ誕生の地では、シュロの葉（貝葉）文献の複製が精力的に行なわれてきた。その材料が耐久性に欠けるため、聖典は繰りかえし書き写すことが必要とされたのである。

図17　タイナン（タイワン）の都市の守護神の神殿を飾るナイーヴな絵画。

ヴェトナム

ヴェトナムでは、現代政治の出来事に巻き込まれたマハーヤーナの数少ない例のひとつが見られる。今日形成されているヴェトナムの統一は、歴史的にみれば、はじめから運命づけられていたものではない。今日のヴェトナム国の北部に位置し、ヴェトナム族の中核地帯であるナム・ヴィエト（「南の国」の意）は、紀元前二世紀から紀元後一〇世紀にいたるまで中国に属し、アンナン（安南）として知られていた。この地における中国文化の影響は疑うべくもない。ただ、紀元後二世紀以降の仏教寺院の建立には、インドからの刺激もあったことが知られる。五八〇年頃この地に、中国の禅仏教（ここではチエンと呼ばれた）の寺院が建てられ、八二〇年に二つ目がつづいた。そのほかにも、中国の手本にならったマハーヤーナの流派も存在した。

いくどかの失敗のあとで九三八年中国からの解放に成功したとき、今度はヴェトナムが自国の拡大をはかった。そしてインド化されヒンドゥー教徒であったチャン族の王朝は、一度は勢力の拡大に成功したが、やがてクメール人との争いのなかで首都チャンパを南に移すも、一四七一年それも破壊された。その間に、一四〇七年から一四二八年にかけて、北部はふたたび中国に占領された。このたびの明の皇帝軍は、彼らの故郷におけると同様、この地でも仏教を弾圧した。この北部ヴェトナムでは、すでに一二世紀に道教が影響を及ぼしていた。やがてまたもや中国軍を追い払ったこの地の支配者は儒教を受け入れ、仏教に対する弾圧はつづいた。ヴェトナムが南と北に分かれて敵対した一六世紀に、仏教はふたたび勢いを取り戻し、一八〇二年南北が統一されるとさらなる隆盛をむかえた。

数世紀にわたってクメール人とヴェトナム人の争いのたねであった南部では抵抗する力も弱く、一八五七年からは次第にフランス人の手に落ち、彼らの植民地コーチシナ（後の南ヴェトナム）が築かれた。やがてフランスは、

図18　ヴェトナムのある集会所に見られる法の輪。

図19　ヴェトナムの寺院で、ボサツの慈悲を呼び降ろすためにたかれる香。

彼らの保護統治をアンナン、さらにはトンキン（北部ヴェトナム）へと拡大した。ヨーロッパ化は仏教を弱体化させ、とりわけ南部では、少なくとも上層階級は、キリスト教宣教師の影響下に入った。一九二〇年仏教の改革運動が起こり、それはヴェトナムにおける反外国支配および社会改革の原動力となった。

第二次世界大戦のあいだ、これら血気にはやる仏教徒たちの一部は日本の占領軍に加担し、他の者たちは共産主義のヴェト・ミンにより大きな同情をよせた。この仏教徒のあいだの溝は、第一次インドシナ戦争（一九四六―一九五四年）とそれにつづく国家の北と南の分割によっていっそう深まった。両者は、南でゴ兄弟の独裁のもとでカトリックが宣教され、仏教が有力な後援者を失いはじめたとき、ふたたび手を結んだ。そしてヴェトナムの仏教徒は、政府、ヴェト・ミンとヴェト・コン（南ヴェトナムの反乱軍）の連合体にならぶ、三番目の勢力を形成するにいたった。彼らの姿勢は政権への圧力となり、その結果、自分たちの立場に不安を感じた独裁者がアメリカに助けをもとめる事態をまねくことに貢献した。一九六三年六月には、八〇歳になろうとするひとりの僧がみずからの身に火をつけ、南ヴェトナムの窮状を世界に訴えた〔図20〕。一九六四年にはじまった第二次インドシナ戦争が、最後の砦サイゴンの陥落によって共産軍の勝利でおわったとき、仏教徒にとっての新たな抑圧の時代がはじまった。というのは、彼らはそれまで左翼に対してはっきりとした立場を示さず、権力のひとつの要因としておそれられていたからである。一九八七年になってはじめて仏教の教団や寺院は、活動の再開が許された。

図20　1963年、南ヴェトナムの窮状を訴えるためみずからの身を焼いた80歳代の仏教僧。

シンガポール、ブルネイ、マレーシア

上述の国々で大きな勢力となったマハーヤーナ仏教は、シンガポール、ブルネイ、マレーシアにあっては、少数派として存続するにすぎない。その信者は主として、人口は小さいが大きな経済力をもつ中国人である。しかし彼らは、たとえばスリ・ランカのテラヴァーダ（ヒーナヤーナの〔長老部〕）仏教徒が享受する国家の手厚い保護とは無縁である。一五世紀以来これらの地には、マハーヤーナの記念碑的な建造物は築かれていない。

六　タントラヤーナ密教

呪術と宗教

仏教とタントラ

かつてブッダは、自分の教えは自分の死後五〇〇年のうちに消えるであろうと予言した。そのブッダの教えが、そのしたたかなエネルギーをもったタントラ的形式で新しい段階をむかえたとき、その五〇〇年はとうに過ぎていた。仏教の最古のタントラ的文献は、紀元後三世紀にさかのぼる。しかしその基となる文献は、すでにその数百年前に存在していたにちがいない。ここには、民間信仰からの多様な影響を織り交ぜる、赤裸で、しかし内容のゆたかなひとつの体系がある。

すでに仏教は、諸種の哲学と儀礼的実践から組み立てられた、ひとつの巨大な建造物に成長していた。その建造物の頂上に載るのは、たとえ多くの概念がいまは違って解釈されているとはいえ、けっしてその思想の統一性を失うことのない初期の教えであった。その建物の基礎は、仏教本来の寛容な性格ゆえに、いまや展望が不可能なまでにひろがっていた。タントラは、その基礎、すなわち民衆の草の根の思潮から萌えあがり、そして仏教をより強靭なものとしたひとつの運動であった。すでにこのことからも、タントラにはただ堕落しか見えないという西洋にひろまる判断は、正しいものではない。「宗教に名を借りた酒とセクスの狂宴」とヨーロッパの清教徒たちはあざける。しかしそれは、仏教の歴史的展開、タントラの教義と実践の多様さを知らない者の浅見である。

図1　人骨をつらねた腰布をまとうチベットのラマ。右手にヴァジュラ、左手に教えの声を象徴する砂時計の太鼓をもつ。20世紀初頭の彩色写真。

仏教と超能力

仏教のなかに見られる呪術的要素の源は、シッダルタ・ガウタマの時代にまでさかのぼる。たとえばブッダの弟子マウドガリヤーヤナ〔目連〕は、精神を集中させることによって肉体的、心理的に異常な能力〔シッディー〕を獲得していた〔38頁参照〕。そのような超能力は、のちにつぶさにかぞえあげられ、目ざすべき高い目標として厳密に定義された。そして精神の集中、瞑想に熟達した人間は、自然の力を自由にあやつり、猛獣をてなずけ、疫病の流行をとめ、死者をよみがえらせ、水の上を歩き、みずからの身体を思うがままに大きくも小さくもし、はるか遠くのものを見、そして聞き、他人のこころのうちを知り、あるいは未来を予見することができるとされた。そのような奇跡は、それ自体が目的ではなく、最高の目的、すなわち救済のための手段であらねばならなかった。それでも、そのような奇跡は、民衆が宗教にもとめるものであり、彼らの理想でもあった。

人びとは、それぞれの時代精神やそれぞれの土地の伝統に応じて、あるときは瞑想や苦行をとおして、またあるときは呪術的儀礼でもって、そのような超能力を得ようとしてきた。しかし、これらの手段を概念的に区別す

図2　タントラの儀礼で救済を目ざす呪術師（マハーシッダ）。ラダック（北西インド）のマルチ僧院にあるマンジュシュリー〔文殊〕の聖域を飾る壁画。11–12世紀。

ることはむずかしい。瞑想の実践もまた、呪術的要素を含んでいるからである。呼吸法を究極まで追求すれば、肉体の不随意とされる機能さえもコントロールできるという（63頁以下参照）。これらの経験からインドの思想家は、瞑想の実践とならんで、神的なるものとの接触を得るためとして呪術さえも発展させた。

ここでもまた、西洋と東洋の古代文化における類似点が指摘されるかもしれない。しかし両者のあいだにただの影響関係を云々することはできない。むしろ両者のあいだの一致は、民間信仰に根を下ろした同一の精神的経験に起因するのであろう。たとえば、グルと呼ばれたインドの教師は、入門の際弟子に水をふりかけた。これはキリスト教の洗礼に似る。また、悪を払う呪術的なきまり文句、呪文は、西でも東でも発展した。ただインドの宗教は、仏教もそのひとつだが、そのような呪文の詠唱を西洋以上に洗練させた。そしてこの呪文（マントラ）の複雑なシステムが、神の領域との直接の接触を得るために使われた。儀式の際の身のこなし〔所作〕、あるいは手の動き（ムドラー）〔印相〕もまた、同じ役割をになった。

これらは、そのコンテクストを剝ぎ取れば、たんなる迷信に見えるかもしれない。しかしすべての実在のアイデンティティーを探り出すためには、目に見えるものの後ろにひそむ神の、そして現象世界のシューニヤター〔空性〕を認識しなければならない。神は「在る」のではない。人間が「つくる」のである。像は存在したのではなく、美術家が制作したのである。素朴な民間信仰と哲学のあいだに、このような広大な橋を架けた世界的宗教は他にない。

似たようなことは、タントラ思想の性（セクス）の領域についてもいえる〔図2〕。ここでは、人間の根元的な要求が、早い時代の自然崇拝、すなわち多産祈願と結びつく。また、この多産祈願をつつみ込む性的神秘主義の文学の伝統もあった。母神をまつる太古の儀礼は、タントラ思想のなかで、遁世、すなわち性的なるものとの断絶を説く教義とも結びつく。一方では性をもとめ、他方では性を否定する。これは、今日においても人びとを魅了する矛盾である。

図3　トルコ石をちりばめた護符（法輪）。ヒマーラヤ地方で特別に好まれるトルコ石は、魔神を追い払う力をもつとされる。

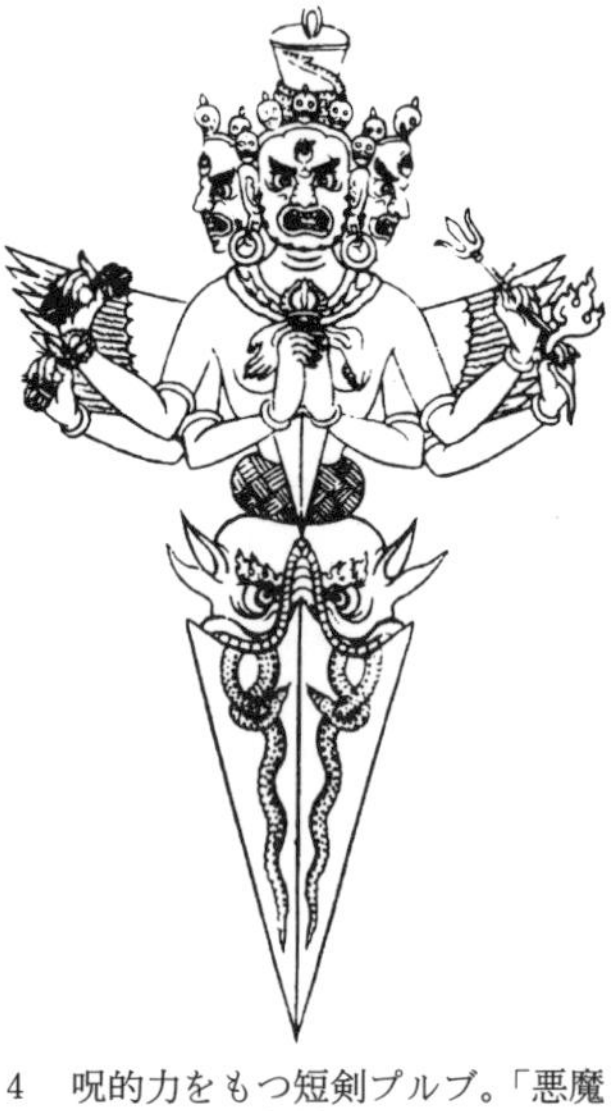

図4　呪的力をもつ短剣プルブ。「悪魔の爪」あるいは「魔剣」とも呼ばれる。正式のものでは、さまざまな金属の合金である三角刃をもち、柄は魔除けの威を示す三つの頭からなる。チベットの伝統によるとプルブは、仏教の敵を「釘づけにする」という。

ヒンドゥー教におけるタントラ

タントラの「右手派」と「左手派」

もっとも近い都会からも数百キロメートル離れたインド中央部の小さな村に、近年空港が開かれた。現代の観光産業が生んだひとつの奇妙な現象である。村の名はカジュラーホ、壁面を彫刻で飾られた一群のヒンドゥー教寺院で有名なのである〔図5〕。遠来の観光客を迎えるのは、マイトゥナ（合体）として、伝統的な、あるいは奇抜な姿態で性の実践にふける男女の無数の群像である。最初の享楽的な鑑賞のあとには、途方にくれた戸惑いがひろがる。これらの群像は、建物の目的とどんな関係があるのだろうか。

この戸惑いは、今日の多くのインド人にとっても同様である。というのは、ここカジュラーホに見られるヒンドゥー教のタントラ思想における流れは、インドのイスラーム教の支配者にも、またのちのイギリス人にも、目の敵にされたからである。それゆえ、ヒンドゥー教のなかで生きのびることができたのは、ただもっとも穏健な教義、とりわけ「右手派」〔右道〕の思想と実践だけであった。このタントラの一変形を信奉するひとたち——その大半は上層階級に属する——は、神的なるものの男性的原理を重要視し、厳しい倫理で人間の欲望を昇華させようとした。

タントラ思想の誹謗者、いや擁護者にとっても、もっとも関心があったのは「左手派」〔左道〕の信仰システムであった。この派が崇拝の中心においたのは、女性原理（シャクティ）であった。それは神の創造の源であり、神に創造のエネルギーを与えるものであった。ヒンドゥー教の美術の上でシャクティは、妻あるいは愛人として男神のかたわら、あるいは交合の相手として表わされる。ヒンドゥー教におけるタントラでもっとも好まれたのは、シヴァとパールヴァティーの一対である。両神はしばしばおそろしい顔立ちで表わされたが、それは、性行為ではじめて平静さと秩序を取り戻すエネルギーは、本来はおぞましいものとされたからである〔図6〕。

ところで、タントラとはいったい何なのか。このことばは多くの意味をもつ。「書き物」あるいは「手引書」もそのひとつであるが、それも、非常に特異な象徴についての複雑で、ときには意識的に紛らわしくされたテクストのことをいう。またそこには、数世紀にわたってただ口承の

図5　カジュラーホ（中央インド）の彫刻。ヒンドゥー教（同時代の仏教にも見られる）のタントラ思想に刻印されたさまざまな性的行為を行なう男女の姿を表わす。10–11世紀。

図6　シヴァとパールヴァティーとそのあいだの子どもスカンダ。鉛とすずの合金。12世紀。シヴァはいわゆる「編み冠」の髪型で、4本の腕の下側の両腕は、守護と願いの成就を聞き入れるしぐさを示す。左肩から垂れ下がるバラモンの飾り紐は、みじかい腰布までとどく。パールヴァティー（ウマとも呼ばれる）の髪型はいわゆる「籠冠」で、腰布は男神のそれよりながい。両者ともラリタサ（半跏坐）の姿勢をとる。

みで伝えられてきた秘密の知識も含まれている。その知識に関心をもった仏教徒は、それらのテクストを弟子たちによって隠匿されたブッダの真性のことばだと主張した。タントラがまとまりのある形を得たのは、他の経典の場合と同様、紀元後五世紀以降である。しかしそこに述べられているのは、まとまりのある教説というより、むしろ人間が神的なるものに近づく方法である。それはあまりにも神秘的であり、通常の読者に理解できるものではない。それゆえその極意は、特別に訓練された専門の教師〔阿闍梨〕によってのみ伝授された。そして秘儀の伝授を受けた弟子たちは、のちに猛烈に非難されることになるタントラの実践に専念するために、仲間だけの集会を開いたのである。

「〈いのち〉は、望むにも望まずにもかかわらず、愛の衝動によって無限に引き継がれてゆく。ゆえに、東西を問わずいくつかの文化はしばしば、官能の欲望や女性の魅力の刺激を臆することなく表に出し、その露出に対する快感で自然の衝動を芸術に高めてきた。ヒンドゥー教の神殿やロックおよびポップの世代がその例である。そのアンチテーゼが、偽善やスノビズム、あるいは、愛と死、生と滅と新しい生成、新しい束縛の原因としての性の開放などのコインキデンティア・オポジトールム（反対の一致）に現われるのである。」

クラウス・フィッシャー『インドの文化と芸術におけるエロティックと禁欲』より

タントラ思想の信奉者

「秘儀の伝授」は、かつてのヴェーダを思い出させる。そこではバラモンの聖職者が、生け贄や魔術の呪文の厳しい番人として機能しており、それら呪文は、ただえらばれた弟子にのみ伝授されていた（40頁参照）。タントラの場合には、見張る相手は逆に支配者層であった。数世紀にわたってヴェーダから締め出されていた被支配者層は、自分たちのために、民間信仰に根ざした独自の教義を新たにつくり、それを強い猜疑の念で堅く守ったのである。それゆえ、ヒンドゥー教におけるタントラ思想がカースト制や家父長制をかたくなに拒否し、たとえば未亡人焼殺といった、オーソドックスのヒンドゥー教の過激な教義を追放したことは、驚くにあたらない。タントラの批判者たちは、タントラ思想が内包するこのような高度な道徳性を見過ごしてきた。

それでも、いくつかの「左手」〔左道〕シヴァ派ヒンドゥー教にあっては、理解するに困難な儀礼が行なわれていたことも事実である。たとえば、シヴァ神の相手パールヴァティーをおそろしい女神ドゥルガーやカーリーとして崇める集団では、黒魔術的な儀礼や人身御供《ひとみごくう》が行なわれていた。たとえばアゴーリ（「畏れないものへの崇拝者」の意）〔無畏派〕は、衣服を身につけることを拒否し、糞尿や人肉を口にすることによって、世俗のしきたりに激しく抵抗した。またカーパリカと呼ばれた集団は、墓場にあつまり、人間の頭蓋骨で酒を飲む儀式を行なった〔図7〕。ヒンドゥー教におけるタントラ思想の特徴は、救済の道を狂乱の没我のうちに見出そうとしたことである。恐怖や死が魅力となるこのような実践は、一見、禁欲や遁世

図7　ブロンズで枠づけされ、魔よけのトルコ石をちりばめた頭蓋骨。チベット。19世紀末。カパラと呼ばれたこのような頭蓋骨の器は、チベットのタントラ仏教の儀式で血あるいはその代用としてのブドウ酒の盃として使われた。

とは対極に位置するかに思える。しかしよく見れば、正常性からの離反ということでは、両者は深いところで結びつく。より協調的な「右手派」〔右道〕と同じように「左手派」〔左道〕もまた、けっしてみずからの利益〔自利〕をもとめたのではない。「まちがった者」の正常性からの解放に奉仕したのである。

付 性の呪術的実践

「集会は、秘儀伝授に参加した者たちの肉体の交合で頂点に達する。それぞれはバイラヴとバイラヴィ（シヴァとその妃神）の代理を任じ、交合して一瞬、神々と同一になったことを確認するのである。これがスリチャクラ「聖なる輪」、あるいはプルナブヒセカ「完全なる奉献」であり、儀式の本体、正確には救済の前段階、神秘的錯乱の最高の儀式である…しかし実際には、左手派のシャクタ（男性行為者）は、ほとんどつねに偽善者であり、迷信深い好

図8　守護神（イイダム）カーラチャクラ。伴侶（プラジナ）と聖なる交合を行なう。鍍金ブロンズ。南チベット。16世紀。

色漢である」と、一九世紀のある西洋人は非難する。

同じような主旨は、インド人の書物のなかに見られないわけでもない。そしてバラモン教の聖典は、東部インドでひろく行なわれていた性的儀礼や血の生け贄に対する嫌悪をはっきりと表明している。マウリア朝の時代までガンジス河口のデルタ地帯は、大陸に侵攻したアーリア人にとっても克服できない障害であった。その向こうにあるもの、それはすなわち野蛮であり、しかし同時にまた、空想を駆り立てるものでもあった。おそらくベンガルの地は、アーリア人に追われた諸民族の逃げ場であったに違いない。彼らの信仰は母神崇拝と結びついていたものであり、それがのちにバラモン教に組み入れられたのであろう。長いあいだベンガル地方は性の呪術的儀礼の中心であり、それがタントラに決定的な影響を与えたのであろう。西洋で有名なのは、イギリスの植民地支配者がカルカッタで見聞した女神カーリーへの血の儀式である。

しばしば言及されるパンチャタットヴァ（五つの真理）は、アーリア人以前の儀礼からの生きのこりであろう。輪になって坐す参加者は、正統の信仰が激しく忌避する「五つのM」〔五摩事〕の享楽に傍若無人に没頭する。すなわちマジャ（酒）、マームサ（肉）、マチャ（魚）、ムドラー（炒った穀物）、マイトゥナ（性交）である。すなわち、

図9　チンナマスタ。女性が上になる体位（プルシャイイタ）で交合する男女の上で踊る、頭部を切り落とし、身に頭蓋骨をつらねた紐飾りをまとう女神ドゥルガー（カーリー）。左右に同じ紐飾りをまとい、血で満たされた盃をもつ秘儀伝授の女神を従える。近代インドの細密画。

嫌悪感を克服し、快楽を制御しようと、あえて禁じられたものに身をゆだね、それによって、より高度な心的能力を得ようとしたのである。これは、仏教徒にとっては出家者の最大の戒め、五戒を犯すことである。

このような儀礼がつねに呪術的な意味を担っていたことは、五（パンチャ）という数字が行為の範囲を規定していたことに示されている。十進法が導入される――それは驚くほど早いことではあったが――までインドでは、五感、五大（要素）、五世界等々、片方の手の指が数の基準であった。五という数はまた、天地の合致を表わしていた。すでにこのことからも、マイトゥナ（性交）がタントラ思想の中心の、あるいはけっして唯一の、目的ではなかったことが理解される。

しかしながらひとつになることに――それは肉体に限られたことではない――創造の力が認められていたことは、たしかである。ひとつになることから植物は芽を吹き、実を育てる。ひとつになることから、認識のいのちは生まれ、その実はみのる。それゆえにエクスタシーは至福であり、至福はエクスタシーを意味した。それゆえにヒンドゥー教の美術は、両極にあるふたつのものの合体をシヴァ神と彼のシャクティとの肉体的結合でもって、もっとも明瞭に象徴化したのであった。俗を聖に昇華するシンボルであるシヴァ神は、創造の力、豊穣《ほうじょう》の力であるパールヴァティーと結ばれるのである。この女性の源エネルギーは、それぞれの人間の身体にも隠れているのであり、それが性の行為によって呼びさまされ、より高度な目的のために使われるのである。

仏教におけるタントラ

パーラ朝時代の仏教

インド東部は、ヒンドゥー教だけでなく仏教のタントラ派にとっても決定的な役割を果たした。八世紀から一二世紀にかけてこの地の仏教は、パーラ朝のもとで最後にもう一度インド支配階級の後見を得た。新しい僧院が築かれ、古い施設——そのなかには有名なナーランダーの僧院大学も含まれていた（115頁図参照）——は、壮大な規模に拡充された。そしてそれら僧院では何百という修行者が生活し、異なる流派をそれぞれみずからの信条として彼らは、活気に満ちた討論によって新しい教義を展開していた。そしてそのような雰囲気のなかで、タントラの本来の魅力であるジンクレティズム（諸教混淆）が促進されていった。

振り返ってみても、シヴァ教（ヒンドゥー教）と仏教が、実際たがいにどのように影響しあったか、判断することは難しい。ただ仏教が、性の超越的な側面にヒンドゥー教ほどには意味を認めなかったことは明らかである。かつてブッダは、宇宙について頭を悩ますことは意味のないこと、いや最高の目的のためには有害であるとさえ説いた。それがいまや、世界像に関する問題は仏教の中心のテーマとなった。すなわち八世紀以来、タントラ的見方に染まった仏教徒たちは、宇宙を神秘的に意識することからさらにすすんで、直感のエネルギーを放射することで大宇宙（マクロコスモス）をみずから（ミクロコスモス）のうちに見出すことに全力を傾けるようになったのである。自身の性の問題もまた、大宇宙を小宇宙と一致統合させるための、あるいはまた、意識をシューニヤター〔空性〕に昇華させるための象徴となり得ると考えたのである。そしてこのシューニヤター〔空性〕自身もまた、もはや哲学的思索のための鍵となるテーマ（112頁以下参照）ではなく、タントラの信奉者が魔術の力で近づこうとしていた「神の領域」となったのである。

ときおりインド美術では、ブッダがヒンドゥー教の神ヴィシュヌの化身として表わされる。ヒンドゥー教では、高位の神はよく、下位の神に化身する。ヴィシュヌは、九回目の天からの下降の際にブッダの姿をとる。そこには当然、仏教をヒンドゥー教のひとつの現象にみなそうとする意思が働いている。

哲学と魔術

地上の物は、単に見える物だけではなく、宇宙にそれに対応する物をもち、ただタントラの方法でのみ認識可能な宇宙の普遍的構造のなかに組み込まれている。しかし認識を可能とするタントラの方法は、呪術的秘儀に参加した者だけが伝授を許される。この点において、形而上学は呪術と結びついた。タントラの修行を目ざす者の究極の目標は、ヴァジュラサットヴァ（ヴァジュラは「ダイヤモンド、金剛」、サットヴァは「存在」の意）になることである。このヴァジュラサットヴァは、複雑な宇宙の構造を意のままにすることによって最高位のブッダとされた（擬人化された）ヴァジュラサットヴァ〔金剛薩埵〕の力をみずからのうちに取り込んだ存在のことである。ヴァジュラは、ヴェーダの宗教を思い起こさせるアーリア人の強力な武器「雷霆《らいてい》」〔金剛杵〕のことでもある。またこの宝石の硬さと純粋さは、タントラ仏教の教えと「さとり」の象徴でもあった。そしてその教えと「さとり」は、習得できるものでも、体験できるものでもなく、ただ精神的に「つかむ」ことのできるものであった。このようなタントラ的相互関係のなかで、あらゆる思索、あらゆるイメージは、人間（小宇宙）と大宇宙を仲介する神秘的なヴィジョンを思い起こさせるものとなるのである。

図10　ヴァジュラ〔金剛杵〕は、絶対的なるもののシンボルとして、まさに秘儀的仏教（密教）の象徴となった。その秘儀的仏教でヴァジュラ〔金剛杵〕は、鈴《れい》（ガンター）が女性的原理であるのに対し、男性の原理を表わした。ここに図示した例は、日本の藤原時代（10–12世紀）に中国の原型から鋳造され、鍍金されたブロンズの作品である。

大宇宙と小宇宙

ふたつの宇宙

タントラ思想における「生命感」は、前提とされた宇宙との相互関係から生まれる。人間を万物の尺度とするルネッサンスの前提は、インド人には無縁である。タントラ仏教は、世界秩序の基として、それぞれの個に作用し、それぞれの個に力と静けさを与えるアーディブッダ〔本初仏〕を考える。このブッダは、現象世界のあらゆる生き物、あらゆる物質のうしろにある唯一の現実である。したがって目に見える世界は、このブッダの存在のこの世における具現である。ゆえにこの世にあるものは、必然的にその対応物をあの世にもつ。このような考え方は、西南アジアの救済宗教、たとえばあの世とこの世という別の世界の存在を認めるキリスト教の二元論では、けっして理解されない。

小宇宙と大宇宙の相互関係に対するタントラ仏教の信仰は、その信奉者の超能力に対する絶大な信頼を説明する。西洋においては肉体と思考力を鍛えるものとして実践される瞑想は、インドでは、みずからの精神をはるかな高みに上昇させるための手段である。すなわち人間は、ヨーガ〔瑜伽〕によって神の領域に昇り、呪術的儀礼によって逆に、神をみずからのうちに招き降ろすのである。したがって一見対置するかに見えるこの世とあの世は、西洋の救済宗教とは違って、完全なる調和のなかで結びつけられる。

タントラの文献には、わたしたちに小宇宙と大宇宙のつながりを知覚させる多くの方法が述べられている。ヨーガは、精神を目に見える、しかし結局は空である世界に縛りつける自我をぬぐい去る手段とされる。実践がすすむと、身体のなかの宇宙的中心（チャクラ）とのコンタクトは次第に緊密になり、最後には、大宇宙を観照で

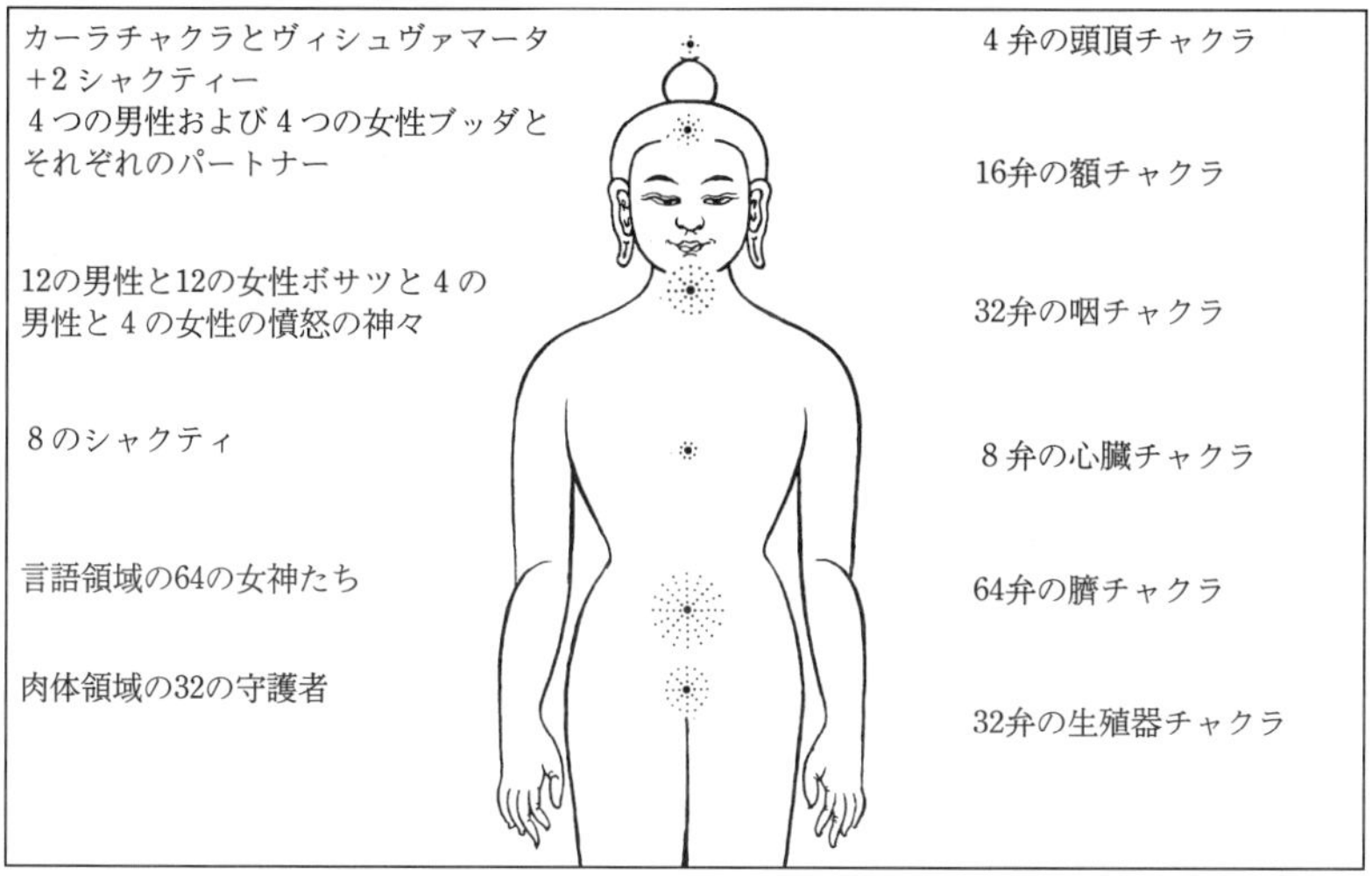

図11　人体におけるチャクラとその霊的相互関係。

きるまでに至る〔図11〕。西洋人にとってはたんなる美術作品に見える超越者の肖像もまた、自己すなわち小宇宙と大宇宙をふたつではなくひとつ〔全一不二〕として結びつけるための手がかりである。同じように、意識した呼吸〔63頁以下参照〕、短いテクストのリズミカルな詠誦、あるいは一音の繰りかえしの発声なども、大宇宙とのコンタクトを生む手段とされる。タントラ仏教の目的は、そのような手段を実践することによって、人間がみずからのうちに超越的なるものを見出し、自分の肉体を宇宙とのつながりのなかで統御することを学ぶことである。

ふたつの宇宙の一体化

東洋の療治法（たとえばつぼマッサージや鍼灸《しんきゅう》術など）もまた、この小宇宙と大宇宙の統一という思想の影響の下に生まれている。即物的な経過や成果を目標とする西洋医学を超えた東洋医学の有効性は、みずからの身体を宇宙の秩序のなかに組み込もうとするこころのもち方に、少なくともその一部を負っている。たとえば、人間の身体の各部を五つの色〔五色〕に対応させ、この五つの色は五つのエレメント〔五大〕

図12　チベット仏教の宇宙の象徴。上から日輪、月輪、蓮華とそれぞれに対応する単音節。日輪、月輪、蓮華を注視し、それぞれに相応する単音節を詠唱することは、瞑想者を絶対的なるものとのタントラ的一致に導く。しかしその絶対的なるものは、ただ究極的な幻影として理解され、あらゆる存在と頭に描いたもののシューニヤター〔空性〕の認識のために克服されねばならない。

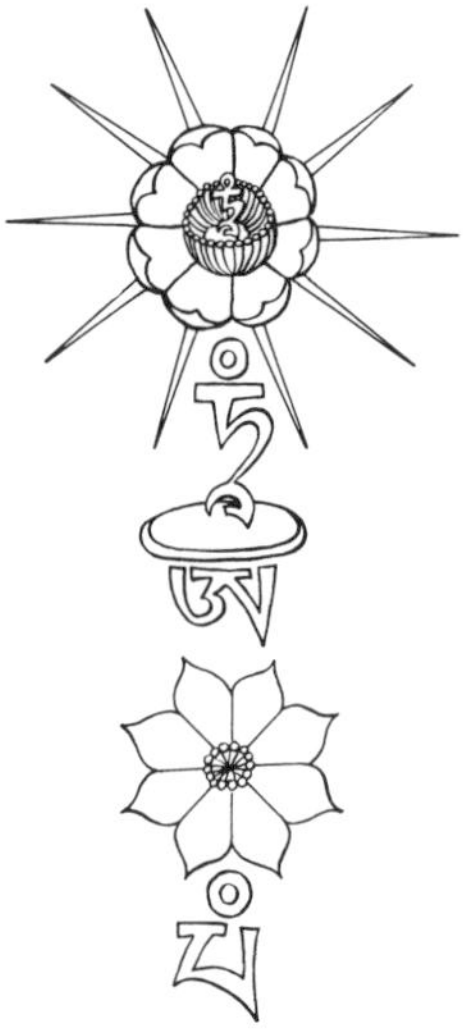

図13　ブータンのある僧院を飾る現代の絵画。この十方の呪術的ダイヤグラムは、タントラ仏教に数多くある超越的な瞑想の補助手段のひとつ。

図14 「オム、マニ・パドメ、フム」は、アヴァローキテーシュヴァラ〔観音〕のマントラ〔真言〕。「オム」と「フム」ははじまりとおわりを意味し、全体を象徴化する。「マニ・パドメ」(おお、蓮華のなかの宝珠よ）は、すべての願いごとをかなえてくれる宝珠（チンターマニ)、6つの文字の主アヴァローキテーシュヴァラを手中にする、すべてのもののなかに隠れている絶対的なるものへの呼びかけである。紀元後１世紀にすでに存在していたことが証明されるこのマントラは、世界でもっとも多く唱えられている呪文であるといえよう。

に対応し、さらには五つの世界、五柱の神に対応する。このようにして、水には白、大地には黄色――両者ともやさしい色――が割り当てられ、他方かならずしもやさしくはない赤、緑、青は、火、エーテル、大気を代表する。音節もまたこの宇宙のシステムのなかに組み込まれ、マ音は、脊椎、すなわち世界の山メルー〔須弥山〕とされ、その山では東は青、西は黄、北は白、中心は緑とされる。音節の詠唱は世界を動かし、その動きは詠唱者の上に降りかかる。

この大宇宙と小宇宙の一体化は、ありとあらゆる領域でなされる。それはあまりにも複雑であり、その法則を追うことのできるのはごくわずかな人間に限られる。ただこれらの人たちだけが、タントラの秘密知識の教師〔阿闍梨〕になれるのである。

このようにして仏教は、そのスタート台、ブッダが克服しようとした、かつてバラモンが支配していた呪術の世界に戻っていったのである。

タントラ仏教の「神の国」

五つの「神の国」とその主たち

宇宙の意味深い相互関係は、タントラ仏教の「神の国」にも反映する。「神の国」、すなわち仏国土の主である五人のジナ〔勝者〕についてはは、すでにマハーヤーナとの関連で触れた（104頁以下参照）。この五人のジナは、はじめからブッダであり、したがって一度も人間あるいはその他の地上的、いや超地上的被造物であることはなかった。彼らには五つの方位が割り当てられているが、ただそこに呪術的要素がくわえられたことによる、マハーヤーナの解釈とのわずかな違いが現われる。ここではアクショーブヤ「何ごとにも動じない者」〔阿閦〕が中央の位置を占める〔図15〕。ヴァイローチャナ「太陽に似る者」〔毘盧遮那〕〔図16〕は中央から東方に移り、ラトナケトゥ（マハーヤーナではラトナサンバヴァ）「宝石のなかに生まれた者」〔宝生〕〔図18〕は南方を支配し、アミターバ「測り知れない輝きをもつ者」〔無量光〕は西方を統治し、アモーガヴァジュラ（マハーヤーナではアモーガシッディ）「惑わされない者」〔不空成就〕は北方を治める。これらジナはまた、同時に五つの要素〔五大〕、人間の五つの感覚、そして五つの色、さらにそのそれぞれの色の頭文字を代表する。「五」という数のもつ象徴性については、すでに触れた（137頁以下参照）。

図15　蓮華座に坐すアクショーブヤ。5人のジナのひとり。東方仏国土の主。右手で地に触れる印（ブミスパルシャ・ムドラー）を示す。東チベットあるいは西中国。19世紀中頃。

図16　ヴァイローチャナ。獅子座に坐し、両手を「さとりの頂点の印」〔智拳印〕（ボディーアグリ・ムドラー）に結ぶ。アルチ寺（北西インド）の壁画より。11-12世紀。

アーディブッダ

絶対的なるものの擬人化アーディブッダ〔本初仏〕は、三種の現われ方で知られる。第一は、すでに触れたヴァジュラサットヴァ〔金剛薩埵〕として、男性の象徴であるヴァジュラ〔金剛杵〕、女性の象徴としてガンター〔鈴《れい》〕をもって現われる〔図17〕。第二は、両手を交差させたヴァジュラダーラ〔執金剛神〕として現われる。この場合男性の象徴ヴァジュラは左側、すなわち「女性の体側」に、女性の象徴ガンターは右側、すなわち「男性の体側」に置かれる。このことは、絶対的なるものにおける両極の溶融、すなわちタントラ思想が繰りか

図17　ヴァジュラサットヴァとしてのアーディブッダ。絶対的なるものの化身として両手でヴァジュラ〔金剛杵〕をもつ。鍍金ブロンズ。ナーランダー（東北インド）出土。13–14世紀。

図18　マハーボディーサットヴァ〔大菩提薩埵〕に囲まれて座すラトナサンバヴァ。10世紀のインド様式にならうネパールの絵画。

え し指摘する宇宙的な調和を表わしている。このような側面をさらに明確に表わしているのが第三のサマンタバードラ〔普賢〕(マハーヤーナではボサツ)としてのアーディブッダであり、彼は女性のパートナーであるサマンタバドリと肉体を結合させて現われる。

「神の国」の住民たち

それぞれの超越的ブッダには、それぞれの女性の力(シャクティ)が割り当てられており、これらブッダに、天界のボサツたちや地上のブッダたちが、同じくそれぞれのシャクティをともなって従っている。そして時代とともに、それらブッダやボサツの数はもはやかぞえきれないまでに増大していった。それは、この仏教の教義の複雑な概念を神々の形で目に見えるものにしたいという、信者たちの要求に対するこたえであった。

そしてついには、バラモン教の神々や、一群の想像上の生き物たちも、タントラ仏教のパンテオンに入ってきた。多くの場合彼らは、たとえば豚の頭をもったマリーチ〔摩利支天〕のように異形、ダルマパーラ〔護法神〕たちのようにおそろしい姿で現われた。たしかにダルマパーラの力はおそろしくはかり知れないものであったが、彼らはブッダには従順で、文字通り「教えの守護者」として仕えた。ヒエラルヒーの一段下には、イイダム〔守護神〕やダーキニー「遊歩する女たち」〔荼吉尼〕(176頁図参照)がおり、さらに彼らには三三柱のヴェーダの神々(16頁参照)、八柱の母神、それに巨人たち〔阿修羅〕、されにはヤクシャ〔夜叉〕やラークシャ〔羅刹〕といった善鬼悪鬼が従っていた。

ヒンドゥー教と仏教の混融

そして数世紀のあいだに、ヒンドゥー教の神々もまたタントラ仏教パンテオンのヒエラルヒーの下層に入り込み、呪術的な力の擬人化として崇拝の対象とされた。たしかに高位の指導者たちの見方からすれば、このようなタントラ仏教の全体像は、すでに初期の仏教が現実世界とみなしていた幻影（マーヤー）〔摩耶〕の具現化に過ぎなかったかもしれない。しかし信者である大衆は、タントラの神々の世界を現実と感じ、その信仰を次第に一般的なインドの精神風土に適合させ、そして最後には、仏教とヒンドゥー教はたがいに入り混じり、融合していったのである。

図19　仏教の（ダルマパーラ）〔護法神〕のひとりマハーカーラ〔大黒天〕。南チベット絵画。18世紀末。

付 宇宙を直感するマンダラ

マンダラは、もとは「環」を意味する。この環は、色彩で際立たされた、あるいは像で占められた四角形や三角形、あるいはその他のさまざまな幾何学的図形を囲んでいる（図20参照）。この囲まれた領域は、抽象的あるいは具象的にしろ、神々のこの世あるいはあの世の宮殿を表わしている。したがって全体は、大あるいは小宇宙の象徴的表現として理解することができる。すなわちマンダラは、瞑想の実践者が宇宙とのつながりを直感するための象徴的手段（ヤントラ）であるといえる。

そのマンダラは、宇宙の全容として表わされることもあり、あるいは、たとえばある特定の神（絶対者）の本質、あるいは教説のなかのある特定の概念といった、タントラ思想の一部の表現に限られることもある。しかしいずれの場合にも、多少の異同はあっても、ひとつの統一ある構図法に従っている。

例として、救済の道を示すヴァジュラダートゥ〔金剛界〕・マンダラを見てみよう（150頁図参照）。外からなかへ、絵の縁から中心へと歩みをすすめる信者は、まず三つの同心円にぶつかる。それらは、浄化のための炎の環、教えに導くヴァジュラ〔金剛〕の環、そして純粋無垢な蓮華の環である。この最後の環を抜けたとき、こころは新たに生まれ変わる。いまや信者は、宮殿を取り囲む外庭に立つ。その宮殿は四角形をなし、東西南北に四つの門をもつ。注意しなければならないのは、インドのマンダラでは東、チベットのマンダラでは西が上方にくることである。

宮殿の四角形は対角線で仕切られ、四つの三角形が生まれる。それらの三角形は仏国土を表わしており、それぞれの色で塗り分けられている。たとえば西方のアミターバ〔阿弥陀〕の国スカーヴァティ〔極楽〕は、赤色で塗られる。信者は仏国土のひとつをえらび、その門に向かう。そこで彼は、みずからの行ないについて説明をしなければならない門番に出会う。しかし立ち入りが拒まれることはない。なぜなら、えらばれた仏国土のボサツは、よろこんで信者の悪いカルマ〔業〕の重荷を取り除こうとするのだから。その門を抜けて救済の道は、救いをもたらすボサツやブッダのかたわらを通り、マンダラの中心、アーディブッダ、あらゆる存在の核（105頁および143頁以下参照）へとすすむ。ここに至って宇宙の直観はおわり、信者はみずからのうちに絶対的なるものを発見する。

以上私たちは、ヴァジュラダートゥ・マンダラ〔金剛界曼荼羅〕をひとつの絵画の上に見てきた。たしかにマンダラは、絵画として、たとえばタンカ、すなわちチベットやヒマーラヤの国々で制作される軸装画（175頁以下参照）など、平面の上にもっとも多く表わされてきた。しかしマンダラは、彫像群の配置基準にもなりうるし、また寺院の建築設計の基本ともなりうる。そのもっとも有名な例で、もっとも壮大きなマンダラは、ジャワのボロブドゥールである。信者が歩む救済の道は、平面的にも立体的にも象徴的に表わされている（図20および224頁図12参照）。

マンダラに基づく建築、彫刻、絵画は、西洋ではまず美術品としてみなされるであろう。しかし仏教徒にとっては、それらは何よりもまず、瞑想をたすける象徴的手段（ヤントラ）である。もちろんそれらは、美の原理に

図20　700年頃から915年にかけてジャワ島（インドネシア）に築かれたボロブドゥールの平面図。この一辺が110mの巡礼聖地は、4段の周歩廊と3段の同心円上の高台からなり、全体としては立体によるマンダラと解釈される。

従っている。しかしそれはすなわち、宇宙が美の原理を具現していることを意味する。マンダラの左右対称性や一点集中性が生み出す安らぎや静けさは、とりもなおさず宇宙そのもののイメージなのである〔図21〕。

しかし、マンダラ制作の行為そのものは劇的である。それは、醒めた状態ではなく、瞑想のうちに行なわれる。瞑想においては、人間の直観は意識のあらゆる作用から解放されている。そこでは、宇宙のイメージが地上のシンボルへと引き降ろされている。そして制作という行為がおわったとき、作者におよぼしていた瞑想の作用は消える。多くの場合、その作品も壊される（67頁参照）。壊されずにのこされたならば、それは修行者のためのヤントラになる。まずうちに向けられていた修行者のまなざしは、やがてマンダラへ、人間の手によってつくられた、しかし宇宙そのものである対象へと向けられ、それは、空間と時間が溶け、無意識の状態が生じるまでつづく。彼のなかでは、充満（マンダラ）と空（マンダラの意味）の一致が経験され、その結果、現象世界のすべての矛盾は克服される。

図21　14世ダライ・ラマの精神的指導の下で制作された最高のタントラ階級に属するカーラチャクラ〔時輪〕・マンダラ。このマンダラの破壊については67頁図14参照。

七　チベット仏教

仏教とボン教

ダライ・ラマの国

おそらく今日のヨーロッパ人にとっては、インドのブッダの原初の教えではなく、それをさまざまに屈折させて玉虫色にかがやくこの宗教の後期形式が、真正の仏教とみなされているではないだろうか。そしてその玉虫色のひとつにすぎないチベット仏教の最高指導者ダライ・ラマが、すなわち仏教全体の代表者とみなされているのではあるまいか。このような見方には、政治的な要因も責任がある。すなわち一九五〇年の中国によるチベットへの進出、一九五七年のダライ・ラマ一四世のインドへの亡命、一九六五年のチベットの「自治」区としての中華人民共和国への併合などである。冷戦という状況のなかでダライ・ラマは、共産主義と戦う自由陣営を代表する――そして西側にとって利用価値のある――戦士として「政治的な要因」となったのである。彼の精神的な影響力は、彼をそのようにまつり上げたマスメディアの仲介によって、世界的な作用を及ぼしたのである。

図1　ソンツェン・ガンポ王（左）とティソン・デツェン王（右）。近代のチベット木版画。

彼ら自身の伝説によると、サルと女性の山の鬼神のあいだに生まれた子どもの子孫であるチベット人が、仏教を知ったのは、かなり遅くなってからである。たしかにすでに二世紀に、ある支配者にひとつの経典がおくられたとのいい伝えもある。しかし仏教がこの地でその存在意義を得たのは、ソンツェン・ガンポ王（七世紀、ダルマラージャ「仏法の王」として知られた）や、彼の後継者トリソン・デツェン王やトリ・ラパルツェン王（八―九世紀）の時代に、当時政治的にトルキスタンや中国にまで支配をひろげていた大国チベットにおいてであった。このとき、チベット文字も発明され、それでもってインドの仏教テクストの自国語への翻訳が可能にされたのであった。

ボン教

チベット仏教は、広いこの地での古来からの宗教であるボン教との衝突からはじまった。呪文や呪術儀礼、護符《ごふ》信仰や心霊術、また明らかに占星術や血の生け贄も手段にして人間の運命など自然の出来事に影響を与えようとする、このアニミズム的およびシャマニズム的要素を混合した土着の宗教は、それまで

図2　ストゥーパのチベットにおける変形であるチェルテンのなかに光の姿として現われるボン教の偉大な師シェンラブ・ミロ。20世紀前半のチベット・タンカの一部。

図3　魔法の帽子をかぶり、シェンラブ・ミロを崇拝するボン教の僧。図2と同じタンカより。

まだはっきりとした形を成しておらず、また無数の地方的伝統に分解されていたのだが、仏教の伝来とともにその教義の影響下で自身の教説を組み立て、補強し、八世紀のおわりごろには、すでにひとつの新しい宗教といえるまでに成長していた。たとえば、神話化されて伝えられる神官シェンラブ・ミロ〔図2〕たちによってこの本来素朴な民間信仰は、仏教を手本とした死者儀礼、神託解釈、心霊降臨術を体系化し、またすでにマハーヤーナやタントラヤーナなどの思想をも取り込んだ、彼ら自身のパンテオンをもつ「乗り物」（ヤーナ）にまとめられていたのであった。そして九世紀には王ラングダルマは、短い期間ではあるがふたたび仏教弾圧の手段として、この改革され組織化されたボン教を採用さえした。八四二年この王は暗殺されたが、その下手人は仏教徒であったという。

ヴァジュラヤーナ

仏教が、ボン教に慣れ親しんでいたチベット人のあいだに容易に受け入れられたのは、偶然ではない。このとき、仏教もまた、呪術的神秘的宗教へと姿を変えていたのである。すなわちチベットに入ってきた仏教は、マハーヤーナの大きな流れのひとつである「ダイヤモンドの乗り物」（ヴァジュラヤーナ）〔金剛乗〕であった。この四世紀から五世紀にかけてインドで形成された新しい仏教流派の先駆者（創始者ではない）は、今日のパキスタン北部ペシャーワル出身の兄弟、ヨーガーチャーラ〔瑜伽行〕の達人ヴァスバンドゥ〔世親〕とアサンガ〔無着〕とされている（118頁以下参照）。

> 「ヴァジュラヤーナには、仏教のグノーシス的宗教への歩みを見ることができる。すなわち、人間には知的活動や禁欲による究極的な認識は不可能であり、それに代わる最高の目標とされるのが秘儀的な知恵であるとする考えである。このわれを忘れうっとりとする意識と同等視される秘儀的な知恵にはしかし、ただ複雑な儀礼をとおしてのみ近づくことができる。その儀礼においてひとは、あらゆるこころの動きから解放され、一段一段とより高い精神的存在へと昇ってゆくのである。したがって救済のためには、もはやかぎりない慈愛に満ちたボサツは必要とされず、代わってもとめられるのは、その弟子のさとりへの道にぴったりとつきそい、彼をたしかな目的へと導く教師である。」
>
> アレクサンドラ・ラヴィッツァリー＝ロイベル

ヴァジュラヤーナにおいては、ヴェーダの雷神インドラがもつ武器ヴァジュラ〔金剛杵〕が大きな意味をもつ。ヴァジュラ（「ダイヤモンド、金剛」の意）は、一方ではダイヤモンドのように堅く、ダイヤモンドのように透き通った仏教の教えを、他方ではありとあらゆるもの、個々の人間や神々の世界をもつつみ込む、つらぬくことも破壊することもできないシューニヤター〔空性〕を象徴する。そこには、客観的な実在も、ヒーナヤーナが解放を願った生の苦しみも存在しない。すなわちヴァジュラヤーナの信奉者が目指すのは、ただ「透き通った光」（すべてを知る知恵）と「純粋な幻影体」への到達であった。シューニヤターと現象世界の深いところでの一致は、ただ「さとり」に達した者だけに理解される。このことは、後代におけるチベット仏教のこころの師ラマの役割を予告している（172頁以下参照）。ちなみに、チベット仏教の――多くの場合侮蔑的に理解される――別名「ラマ教」は、ここに由来する。

第一次布教期

パドマサンバヴァ

チベットにいつ仏教が伝わったか、その正確なときを知ることはできない。しかしそれが、ひそかに周囲の空

図4　蓮の花のなかに生まれたパドマサンバヴァ。彼は、8世紀の雪の国々にとって、土着の信仰や魔術と戦いつづけた「仏教の使徒」であった。チベット・タンカの一部。

気をかぎわける霊力にすぐれた呪術者パドマサンバヴァ（「蓮華のなかに生まれた者」の意）が、ヴァジュラヤーナの教えをたずさえて雪の国にやってきた八世紀のことであったことはたしかである〔図4〕。今日のパキスタンのスヴァト溪谷の出とされるこのタントラ思想の達人が発する威光は、いまなお輝きを失っていない。伝承によると、パドマサンバヴァの布教は、彼の前に立ちふさがる鬼神たちとの止むことのない戦いであったという。けっきょく鬼神たちは敗北し、以後仏教のために仕えることを誓わねばならなかった。チベット仏教美術のイコノグラフィーでは、この鬼神たちはおそろしい姿で現われる。そのおぞましい表現を目の前にして今日のヨーロッパ人は、それらが敵でなく、仏教の側についた友人であると聞かされておどろくにちがいない。そこに表わされているのは、仏教に同化された土着のボン教の神々や魔物たちであり、また同時に、善と悪、慈愛と怒りの融和というタントラ思想の原理でもある。七七九年、パドマサンバヴァのもとでチベット人では最初の七人が出家僧として戒律を受けたという。そして七九一年にはすでにひとりの仏教僧が、世俗の大臣をさしおいて、王の玉座のすぐ下に座を占めたという。これは、のちのチベット式「神の国」(165頁以下参照)、すなわち仏教の権力支配の胚芽であったといえるかもしれない。

隆盛と危機

七七五年頃パドマサンバヴァは、ラサから約六〇キロメートル離れたツァンポ河畔にチベット最初の仏教寺院サムイェを建てたといわれる。このような彼の活躍の時代をチベットでは、仏教の「第一次布教期」と呼んでいる。ちなみにこのサムイェ寺では、七九二年から七九四年にかけて、ヴァジュラヤーナの思想家と中国の禅僧のあいだの「大討論」が催され、前者の勝利でおわったという。それはともあれこの頃からチベットでは、禅風の自力でのさとりや救済を目ざす思想は、「中国的」として忌避された。

雪の国の軍隊を中央アジアのサマルカンドまで、また南はビルマまでおくりこんだチベットの野心に満ちた大国主義は、九世紀の半ば頃に破綻し、それとともに国内の権力体制も瓦解していった。王朝の支配は、かつての権力範囲の西側周縁地域(ラダック、グゲ、プラング)にまで後退した。これでもって、少なくとも中央チベットでは、「国家宗教」としての仏教は衰滅した。それでもいくつかの地方で仏教は、明らかにかつての呪術的民間信仰のなかに沈没した形においてではあるが、政治的危機の時代を生きながらえた。

第二次布教期

リンチェン・ツァンポ

以上が、一一世紀のはじめ学者僧リンチェン・ツァンポが見た風景であった。しかし彼とともに、チベットの歴史が「第二次布教期」と呼ぶ時代がはじまった。西部チベットの小国グゲの仏教徒王エシェー・オエーは、仏教をその最高の哲学の形で学び、故国へ持ち帰らせようと多くの若者をカシミールにおくった。そのなかのひとりリンチェン・ツァンポ（九五八―一〇五五）は、一七年間カシミールにとどまった。帰国後インド経典の翻訳者（ローツァワ）として抜群の業績をあげた彼は、出家者の戒律を復元し、また自身僧院の創建者として活躍した。たとえば、今日壮大な規模をほこるラダックのラマユル寺の中心部は、彼の手によるかつての威風を伝えているという。

他の偉大な教師たち

図5　11世紀にインドのタントラ思想をチベットに伝えたベンガルの偉大な学僧アティーシャ。現代の木版画。

チベット仏教の二番目の偉大な革新者としては、『ラムリム』（「さとりの道を照らす灯」）の著者であるベンガル出身の僧アティーシャ（九八二―一〇五四）が挙げられる〔図5〕。彼は一〇三九年、王家の招きに応じてチベットに旅し、数多くのタントラの教えを当地の僧院に持ち込んだ。宗教史の上から見ればアティーシャは、すべてをつつみ込むシューニヤター〔空性〕の教義を「さとりを目ざすこころ」〔菩提心〕（169頁参照）と結びつけたジンクレティスト（諸教混淆主義者）であった。まさにこの解釈でもって彼は、以後のチベット仏教に大きな影響を及ぼしたのであった。アティーシ

図6　チベットの偉大な翻訳家のひとりマルパ。チベット・タンカの一部。

ャのもっとも重要な弟子は、チベット人ドロム・トェンパ（一〇〇五－一〇六四）であった。またチベットの仏教徒マルパ（一〇一二－一〇九六）は、インドのビハールの高名なヴァジュラヤーナの賢人ナーローパのもとで一六年のあいだ学んだのち、磨き上げたタントラの哲学と実践法を雪の国に持ち帰った〔図6〕。しかし彼は、もちろん出家僧たちと情報を交換しながらではあるが、生涯を世俗の農場主としておくった。マルパのもっとも高名な弟子、呪術的霊力に長じたミラレパ（一〇五二－一一三五）は、長年苦行者として雪山に孤独をもとめ、のちにみずからの思想を長編の詩でうたい、またガンボパなどの弟子を育てた〔図7〕。同時代の証言によるとミラレパは、「ナーローパの六つの瞑想技法」のひとつを用いてみずからに「内なる熱」を得て、冬のヒマーラヤの極寒をただ薄い木綿の衣を身につけただけで耐えたという。ナーローパの教義は、最後の、そしてもっとも複雑なタントラ思想のシステム、すなわちカーラチャクラ〔時輪〕（141頁図11参照）との類似を示していた。このカーラチャクラは、伝承によれば神秘の国シャンバラで形成され、一〇二九年チベットにもたらされたという。

このような先駆者たちの多様な教説、多様な手本のもとでチベット仏教は、まったくこの国に特有のプロフィルを形づくっていった。すなわち一一世紀から一三世紀にかけて、すべてに共通するひとつの基礎の上に、それぞれに独自な教義解釈、聖職者の位階制度、教団規律、ヨーガの実践法をもった、多くの大きな流派や教団が築かれたのである。このような流派や教団の分立には、つぎのような理由が挙げられるであろう。ひとつには、チベットには宗教的統一を迫ることもできたであろう政治的中央集権が存在しなかったこと。ふたつには、それまでチベットにとって、インスピレーションのみなもとであると同時に調整の役も果たしていたインドの仏教の伝統が、イスラーム教徒の侵入の直前に断絶したことである。一二〇〇年頃、ヴィクラマシラーや、かつてナーローパも教えたナーランダーの大きな仏教大学は、その門を閉じたのであった（122頁参照）。

図7　苦行者ミラレパ。マルパの弟子のひとりで、長年ヒマーラヤ山中で隠者として暮らし、呪術の能力を身につけたという。美術では右手を耳に当てる姿で描かれるが、それは、彼が天の声を聞き取っていることを示す。チベット・タンカの一部。

諸流派の興亡と「神の国」

カンギュルとテンギュル

いずれの教団に属するかは問わず、今日チベット、あるいはその周辺地域（ラダック、ザンスカール、北部ネパール、ブータン、シッキム）のあるひとつの仏教僧院を訪ねた者は、その僧院の壁の棚にうずたかく積み上げられた大量の木版刷り紙束におどろくであろう〔図8〕。そこにはまず、多数に分立した教団各流派の根本によこたわ

図８　積み上げられた聖典の上に坐すチベットの僧。あるサーキャ派僧院の壁画の一部。18世紀

図９　ガントク（シッキム地方）のニンマ派の僧。

る共通の思想が保存されているのだ。すなわち、ヒーナヤーナの経典からはじまり、マハーヤーナのゆたかで多様な文献、そしてタントラの儀礼やヨーガ〔瑜伽〕の実践法に関するテクストである。それらは、一〇八部に分類された正典『カンギュル』と呼ばれるものであり、何百年にわたるチベット翻訳者の勤勉の成果である。この『カンギュル』は、一四世紀にすべての僧院生活の基本的な法典と定められた。

壁の棚に見られるもうひとつの偉大な業績が、『テンギュル』である。しかしこれは、すべての教団に共通するものではない。というのは、二二四巻からなるこれらの木版書には、ブッダにささげられたさまざまな賛歌のほかに、祈禱文、説話、それに世俗的な学問書（医学、文法、詩学、論理学、系図学、年代学）、さらに細部では個々の教団にとっては都合の悪いさまざまなタントラの解説書も含まれているからである。すなわちこの『テンギュル』でもって、チベット仏教を統一する精神的連帯はおわり、各教団の伝統の特殊性がはじまる。

ニンマ派

歴史的にもっとも古い伝統をもつ流派は、ニンマーパ（ニンマは「古い」、パは「派」の意）と呼ばれ、この派で決定的な役割をはたしたのが、タントラ思想の偉大な師パドマサンバヴァであった（155頁参照）。この教団の信奉者たちの目に、彼は、まさに歴史的ブッダの再来と見えたのであった。彼らは、パドマサンバヴァの最後の知恵は、それぞれの時代に適合する書き物あるいは図像の形で、秘密の場所（洞穴、彫像、あるいは地下の蔵）に隠されており、いつの日か、そのときの救済の鍵として、運命づけられた信者（テルトェン「宝をほりあてるひと」の意）によって発掘されるのだと信じていた。これまでの「発掘品」（テルマ）のなかでおそらくもっとも有名なのは、今日でも死のせまった者の枕辺でよみ上げられ、死にゆく者に「死と再生の中間の国」（バルドー）について教えるチベット式『死者の書』（バルドー・トェードル）であろう。このようにニンマ派の伝統は「第一次布教期」につながりをもつのであるが、しかしそれだけが、のちに生まれる他の三つの大きな流派との相違点ではない。この派は、中央集権的性格や堅固な聖職者位階制度をもつことなく、ただ瞑想の実践を強調し、僧たちは、各地に散らばる（おもに東部チベット）ほとんどは規模の小さい僧院で生活する。彼らの世界像は、「九つの乗り物」の教説

図10　再生する前の死者に現われる、獣の頭部をもつおそろしい姿の女神たち。チベット・タンカの一部。19世紀。

図11　サキャー派の名の由来となった南チベットの僧院サキャの穀物集積所。

（九乗教判）に表われているという。その乗り物は、上昇する三つのグループのなかで、それぞれ「光を発する身体」、「完全なよろこびの身体」、そして「さとり、あるいは真理の身体」にささげられる。

カギュー派

「受け継がれた教えの派」を意味するカギュー派は、本来の伝統を曲げることなく継いでいることでは群を抜いている。今日この派の下には多くの分派があり、そのなかではカルマ派がもっとも大きな影響力をもつ。「受け継がれた教え」のみなもとはブッダ・ヴァジュラダーラ〔執金剛神〕とされ、このブッダはその教えを呪術の偉大な師ティロパ（九八八―一〇六九）に授け、彼はそれをナーローパに、そして彼からチベット人のマルパに、そして彼からさらに弟子の苦行者ミラレパに伝えたという（158頁以下参照）。そしてミラレパの弟子ガンポパ（一〇七九―一一五三）によって、教団は設立された。

サキャ派

サキャ派の始祖は、マルパと同じくインドで秘儀の伝授を受け、帰国後翻訳者として活躍したドログミ（九九二―一〇七二）である。

図12　黄色の帽子をかぶったゲルク派の僧院長。チベット・タンカの一部。

この派に名を与えた南チベットの僧院サキャは、チベットとカトマンドゥー谷を結ぶ古くからの交易路に沿って建つ〔図11〕。一三世紀にモンゴルのユアン（元）朝がチベットを支配下に置いたとき、モンゴル人は貴族の出であるふたりのサキャ派僧サキャ・パンディタとファグパに前後して雪の国の行政権を与えた。ここにチベットははじめて、短い期間ではあったが、聖職者の王によって支配された。

ゲルク派

アティーシャの弟子で偉大な翻訳家ドロム・トェンは、瞑想をたましい浄化の重要な手段とする師の教えを引き継いで、カダム派（「口承による教化の派」の意）を創設したが、自立した教団として生きのこることはできず、やがてその教説や経典は他の教団、とくにゲルク派の所有に移っていった。一四世紀に東チベット出身の改革者ツォンカパ（一三五七―一四一九）の影響下で生まれたこのゲルク派（「徳の高い派」の意）に属する僧は、淡いオレンジ色のかぶりものを頭に載せることから「黄帽派」とも呼ばれ、紅色の帽子をかぶる他の流派からひと目で区別される〔図13〕。ゲルク派の誕生は、チベットにおける新しい宗教の出発を告げていた。すなわちこの教団は、性交とそれによるエクスタシーを目ざす呪術の実践からはなれ、酒を楽しむことも禁止し

図13　冬のチベットを馬で行く黄帽派のラマ。

た。代わって、マハーヤーナの非タントラ哲学を優先する古今の経典の系統だった研究および僧院での戒律の厳守に重点を置いた。教団の名声は高まり、この派に属する大規模な僧院や教育施設がつぎつぎと建てられた。そのなかには、ガンデン寺（一四〇九年）、ドレプンク寺（一四一六年）、タシルンポ寺（一四四七年）などが含まれている。

ダライ・ラマとパンチェン・ラマ

一五世紀にチベットの国家権威が失墜しはじめたとき、ゲルク派の厳格な位階制度や中央集権的性格が、世俗の秩序維持の要因として浮かび上がってきた。そのような気運のなかで、ドレプンク寺の黄帽僧院長ソェナム・ギャツォ（一五四三―一五八八）は、モンゴルの支配者アルタン・ハーンを有利な政治的パトロンとすることに成功し、彼からダライ・ラマ（「大海の師」の意）の称号を得た。みずからを連続する転生の線上の一存在とみなした僧院長

図14　チベット仏教の鎖の助けを借りながら中国のトラを飼い慣らそうとするモンゴルの支配者。政治的テーマは、チベット僧院の壁画や絵巻物に好まれたレパートリーである。ここに図示したのは近代の複写。

図15　24歳のときのダライ・ラマ13世（1876–1933年）。彩色写真。

は、この称号を二代にわたる祖先にさかのぼらせ、みずからをダライ・ラマ三世とした。このようにしてはじまった転生活仏ダライ・ラマの伝統は、一六一七年に中央チベットのある仏教徒の家に生まれたロツァンク・ギャツォ（一六一七―一六八二）を第五代ダライ・ラマと認めた。のちにゲルク派のなかで「偉大な五代目」と呼ばれたこのダライ・ラマとともに、宗教はチベットの政治権力をも手中にすることとなった。かくしてタントラ仏教のチベット・ヴァージョンに改宗したモンゴル人の庇護のもとで、ダライ・ラマを世俗の権威、パンチェン・リンポチェ（「偉大な師」の意、パンチェン・ラマとも呼ばれる）を信仰に関する最高の権威とするチベット式神政国家が誕生した。このふたりの指導者の死後には、神託や予言が介入する複雑な儀礼のあとで、生まれたばかりの男の子のなかから転生した後継者（トゥルク）が探し出された。最近では一九三七年、東チベット・アダム州の二歳の男の子に、一九三三年に死去した一三世ダライ・ラマの後継者が見つけ出された。一九四〇年、彼は一四世ダライ・ラマの位につき、一六歳で国家の元首となった。一九五九年、共産主義の支配下に入ったチベットから脱出したダライ・ラマは、北インドの小さな山岳都市ダラムサーラに居を定めた。以後彼は、数多くの政治運動で、つねに非暴力の原則に従いながら、チベット民族の敬虔で控えめな代弁者の姿勢を示している。

「神の国」の実態

一四世ダライ・ラマの落ち着きのある物静かな態度、それに時代の政治的状況は、あるいは人びとの共感を呼ぶかもしれない。しかしむろんそれによって、チベット神政国家の「死んだ者の理想化」の傾向が、歴史的に弁護されるものではない。たとえば、九、一〇、一一、一二世のダライ・ラマは、それぞれの短い「執務期間」後に殺害されているが、それは当時の清朝の中国がそれに関心をもったからだけではない。それは、チベット国内の紛争、あるいは激しい宗教上の流派争いがつけた決着でもあったのである。一九五〇年頃のチベットが、道路

図16　チベットの乞食。20世紀初頭、スヴェン・ヘディンのスケッチより。

も、橋も、初歩的な保健施設も、病院も、非宗教的な教育機関も、そして外国とのつながりもない、その代わりに貧しい民衆、高い幼児の死亡率、高い文盲率の支配するおくれた国であったことは、あながち、共産主義中国のプロパガンダが伝えるだけではない。世俗権力と結びついた宗教は、何百年ものあいだ、文明というものにまったく無関心でありつづけたのだ。仏教のチベットは、安穏《あんのん》な自足のなかで、自分たちの精神的な発展さえも放棄したのだ。かつて何百年もつづいた教団相互のかつての活発な論争は、ゲルク派の世俗支配の下で次第に沈滞し、ただ伝えられてきたものの繰りかえしや暗誦のなかで不毛化していった。

付「存在の輪」と『死者の書』

「存在の輪」　バーヴァ・チャクラ（「存在の輪」の意）〔有輪、六道輪廻図〕は、サムサーラ〔輪廻〕の教訓的な絵画表現であり、それゆえしばしばチベット寺院の外壁、入り口のすぐわきに描かれる。タンカ（175頁以下参照）や木版画のモティーフとしても好まれ、その造形的表現の早い例は、すでに中央インドのアジャンターに見られる。伝説は、ブッダ自身がその創案者であり、弟子の呪術師マウドガリヤーヤナ〔目連〕が瞑想による黄泉の国への旅のひとつから帰ったとき、師がその旅での経験をひとつの回転する円筒に描くよう命じたのだと語る。

この「存在の輪」の轂《こしき》（ハブ）部には、サムサーラ〔輪廻〕を回転さす「三つの害毒」、すなわち鶏（むさぼり）、蛇（いかり）、豚（おろかさ）が描かれる（53頁図6図参照）。轂《こしき》の周囲の環には、至福に昇る道と最も低いところでの再生へと下降する道とが示される。その外側をめぐる「存在の輪」の主たる部分は、輻《や》（スポーク）でもってそれぞれの色をもつ六つの面に分けられる。それらは、再生するものが生をおくる六つのガティ「世界域」〔六趣、六道〕、すなわち神々の域（白）〔天界〕、巨人と半神の域（緑）〔修羅界〕、人間の域（黄）〔人間界〕、動物の域（青）〔畜生界〕、飢えた魔物の域（赤）〔餓鬼界〕、悪魔の域（黒）〔地獄〕を表わしている。しばしばそれぞれの世界域には、そこからの解放の道を教える慈悲深いアヴァローキテーシュヴァラ〔観音〕が登場する。さらにその外側の輪には、一二の象徴図で、一二縁起（パティッチャ・サムウッパーダ）が表わされる。

「存在の輪」の外、すなわちサムサーラ〔輪廻〕から解放されているものたちの域には、右上方にブッダ・ガウタマ、左上方に慈悲の神アヴァローキテーシュヴァラが立つ。輪自体は、死と幻影を支配する鬼神によって抱きかかえられている。

『死者の書』　チベットの「死者の書」（バルドー・トェードル）〔図17〕は、一五世紀にはじめて登場する。チベット仏教は、この書をタントラ呪術師パドマサンバヴァがのこした知識の宝のひとつとする（161頁以下参照）。この書は、死にゆく者の枕辺でよみ上げられ、その者にいまゆこうとしている、そして「存在の輪」が描く六世界域のひとつでの再生まで、とどまることになる「中間の国」（バルドー）について教える。トェードルとは、おおよそ「聞くことによるさとり」を意味し、チベット仏教徒だけが認めるニルヴァーナ〔涅槃〕へのタントラ的道筋のことである。それによると、死にゆく者は、まず四日間つづく「死のショック」の状態のなかで、みずからの悪業や善業をはっきり認識するために、みずからの生涯をもう一度うちなる目にうつしだす。そして「外での呼吸」はおわり、すなわち外のまぼろしの世界は崩壊し、その瞬間に究極の真理の光がひらめく。もしこの真理とひとつになることができるならば、彼（あるいは彼女）は、最終的にサムサーラ〔輪廻〕から解放され、ニルヴァーナで吹き消える。できなければ、新しい意識体が形成され、それは、最高の（しかしニルヴァーナとは隔てられた）世界で、これもまた新しくつくられた「形あるもの」に出会う。その意識体が、もしそこで出会ったやさしい、そして同時におそろしい「形あるもの」を前世で生じたカルマ〔業〕の汚濁を形にした幻影であると認めることができるならば、解放〔解脱〕の可能性はまだのこされる。一七日たってようやく、死者の意識体は生成のためのバルドーに入り、その後三一日目に再生へと導かれる。

図17 『死者の書』のためのタンカ。ネパール。19世紀。白ブッダ、ヴァジュラサットヴァは、信者にチベットの『死者の書』の幻想的な神々を示している。下の円には42の優しい神々、上の円には58のおそろしい神々が描かれている。「中間の国」で人間を超えた存在をシューニヤター〔空性〕のたんなる放射体として見抜いた者だけが、再生の鎖を断ち切ることができる。

行の実践

マハーヤーナとヴァジュラヤーナ

チベット仏教の核となるヴァジュラヤーナ〔金剛乗〕は、マハーヤーナの他の流れと同様、ニルヴァーナ〔涅槃〕、サムサーラ〔輪廻〕、それにアートマン〔自我〕もまたシューニヤター〔空性〕であるとする見解を教義の基本としていた。しかしヴァジュラヤーナは、救済への道は一度の生のうちで可能であるという確信でもって、他の「古典的」なマハーヤーナと相違した。最高の目的である「さとり」へは、もはや何度も再生を繰り返して善きカルマ〔業〕を積み上げるのではなく、たった一度の人間としての生涯のあいだに実現可能な直接の道がひらけているとするのである。

ヴァジュラヤーナの先駆者たちは、たしかにマードヤミカ〔中観派〕哲学（113頁以下参照）でもってあらゆる事物や概念はシュウーニア〔空〕で実体のないものであると説いた南インドのマハーヤーナの聖人ナーガールジュナ〔竜樹〕の思想を引き継いだ。しかし同時に彼らは、その中観派の教義を現象の世界はただ意識の投影に過ぎないとするチッタマートラ〔唯心派〕（116頁以下参照）の思想と融合させた。そしてマハーヤーナのもうひとつの「古典的」な思想、すなわち、万物にそなわる胚のごとき「ブッダの性質」〔仏性、如来蔵〕に対する絶対的な信頼である。この教義によれば、この「ブッダの性質」こそが、瞑想の実践によってではあるが、あらゆる現象を超えたところでの全一不二の存在を意識させることを可能にするという。しかしこのようにして得られた無我の「さとりへのこころ」〔菩提心〕もまた、タントラ思想にとっては、あらゆる生き物の幸福――さとりと救済――を追求する「利他のこころ」にすぎない、とされるのである。

四つのタントラ階級

さとりと自我の吹き消しには、四つのタントラ階級での修錬を経て到達される。まず行者は、クリヤー〔所作〕・タントラで「外的な行為」を修錬する。つづいてチャリヤー〔行〕・タントラで、この外的な行為を「内的な行為」に結びつける。つづくヨーガ〔瑜伽〕・タントラでは、「内的行為」がすべてを支配し、そして最後で最

図18　カーラ・チャクラの儀礼を執り行なう14世ダライ・ラマ。いま彼は、邪魔する魔物を呪縛しようとしている。

高の段階であり、とくに要求の多い、救済を約束する精神修錬であるアヌッタラヨーガ〔無上瑜伽〕・タントラにいたる。カーラチャクラ〔時輪〕・タントラも、この階級に属す。

　チベット仏教の儀式では、これらの四つの階級が一貫して実践される。たとえばマンダラの制作を見てみよう（148頁以下参照）。まずマンダラの場と定められた地を踏みかため、歩き回ることによって、それが清められ、霊力を与えられる（クリヤー・タントラ）。この段階では、所作の区切りに特定の儀礼音楽が奏でられる。つぎに、ヴァジュラの師、すなわち上級の行者〔阿闍梨〕が、呼び降ろすべき神をみずからのうちに生み出し（チャリヤー・タントラ）、それをマントラ〔真言〕を唱えながら外的な像で可視化し（ヨーガ・タントラ）、それをまた「空」に消すことによって、「さとり」と自我の吹き消しに至る（アヌッタラヨーガ・タントラ）。

　ここでもう一度注意することがある。それは、ヴァジュラヤーナにおける神の概念は、中近東あるいは西洋の一神教（たとえばキリスト教）、あるいはヒンドゥーの多神教の神とは、まったく異なるということである。ヴァジュラヤーナにおいて、特定の色や持物を与えられた神々は、一方ではただ意識の投影、精神的な補

図19　太鼓を打つブータンの僧。チベット仏教の僧院では、重要な儀礼の際には音楽が奏でられる。

図20　チベットの「祈りの車」。金属製の車には神秘的な音節からなるマントラ〔真言〕を書いた紙が貼りつけられており、それをまわすことによって信者は、マントラの朗誦に代える。

助手段、個々の人間と同じ究極のシューニヤター〔空性〕の幻影にすぎない。他方ではしかし、それらは同時に、瞑想者やマンダラの制作者がみずからのうちにつくりだすことのできる、慈悲とか知恵といった、救済に働きかけるもろもろの徳の擬人化でもあるのだ。

先に述べた最後で最高の階級アヌッタラヨーガ・タントラでは、さらにふたつの段階に細分される。第一の「生産段階」では、ブッダの「純粋な幻影体」が、人間の五つの「不浄な」構成要素〔五蘊〕（51頁参照）をブッダのそれに浄化することによって生み出される。第二の「完成段階」では、アーディブッダ〔本初仏〕として擬人化された絶対者が顕現し、すべての矛盾、すべての対立が究極の統一のなかで吹き消される。このとき行者は、「透き通った光のなか」へ、すなわちこの可能とされる最高の意識をブッダの身体とひとつにすることによる、ヴァジュダーラ〔執金剛神〕あるいはサマンタバードラ〔普賢〕との一体の状態へと導かれる。

チベット仏教と禅

前に触れた、チベット仏教（ヴァジュラヤーナ〔金剛乗〕）とマハーヤーナの原則的な相違点を、ここでもう一度確認しよう。チベット仏教の救済の道は、マハーヤーナと違って短い。その道は、輪廻再生を何度も繰りかえして、あらゆるカルマの残滓や濁りを消し去ってはじめて辿られるものではなく、たしかにたゆまぬ修錬が条件とされるが、たった一度の人間としての生のうちで到達され得るものである。ここに、——たとえあらかじめ用意されていたものであったとしても——突然のさとり〔頓悟〕の思想をもつ禅との、深いところでの結びつきがある。そしてまさにこのことが、個人の自己実現へと突き進む今日の西洋において、この仏教の後期に生まれたふたつの流派がとくに共鳴を得る理由であろう。もちろん拠って立つところの違いは明白である。――西洋にあるのは自己実現へのあこがれ、東洋にあるのは幻想として理解された自我の吹き消し――。しかしそれでも西洋からの行者たちは、精神性を強調する特異な東洋思想に魅了され、自身をその代弁者とみなそうとするのである。

ラ　マ

ラマの資格

すでに見たように、タントラ・チベット的仏教は、サムサーラ〔輪廻〕からの解放を短期間で可能とする考えをもつ。しかしそれは、単に短いだけでなく、まさにその短さゆえに複雑で、厳密な約束ごとの多い道である。しかもタントラは、けっして懇切丁寧な霊の案内書ではない。奥義を伝え、信者に救済の道を案内する教師が必要とされるのである。ここにラマという存在が生まれる。ラマは、サンスクリット語の「グル」に相当する語で、「高きに立つひと」「高貴なるひと」といった意味であり、特別な能力と資格をもつ精神の師のことで、けっして単なる仏教僧侶の呼称ではない。（しかしラマは、チベット僧への丁寧な呼びかけにも使われる。）

図21　若い修行者たちを監督し、彼らに教えを説くラマ。ラサのゲルク派の僧院にて。

亡命先であるダラムサーラの一四世ダライ・ラマの公式政府機関であるチベット宗教・文化省は、ある文書のなかでラマ〔図21〕の資格について次のように述べる。

「ラマは、誓言と倫理規則を遵守し、精神を集中する能力と分別する知恵をそなえていなければならない。弟子を超える広い学識と高度なこころの経験を有し、自身と他人の最高の目標に達するよう、精励しなければならない。『教えの三つの籠』〔三蔵〕を底まで知り尽くし、目に見える現象の本質を理解しなければならない。さらにラマは、弟子の教育に巧みで、彼らだけでなくすべての生きものに対して、深い愛情と強い同情をもたなければならない。弟子の幸せをおもうあまりに、あるいは苦難に出会うことがあるかもしれない。しかしそれによって意欲をくじかれることがあってはならない。」

図22　タクルン（中央チベット）の僧院の中庭での護法の鬼神の仮面をつけた儀礼の踊り。（147ページ図参照）

要するにラマは、骨の髄までブッダの教えの精神に満たされ、救済に向かってはるか前方を歩んでいなければならないのだ。伝統的にラマは、聖職について最低十年を経ていること、最低三年は隠遁に生きたこと、彼自身の「源根のラマ」によって最高の秘儀を伝授されていることを前提にすると考えられている。彼はタントラの師であり、弟子に神秘な世界像を伝え、特殊な儀礼〔たとえばラマの踊り〔図22〕〕で、一般社会を守護する義務をもつ。彼は現実の本質を見抜いているのであるから、本来ならばニルヴァーナ〔涅槃〕で吹き消えることができる。にもかかわらず彼は、慈悲深い救済の化身として地上にとどまり、あとに従う者たちにとっての絶対的な鏡でありつづける。他方あとに従う者たちは、瞑想の、すなわちタントラの修錬において、霊の師としてのラマにすべてを傾注し、たとえ師が肉体的に傍らにいなくとも、つねに師の霊と交感できる状態にあらねばならない。

図23　アヴァローキテーシュヴァラ〔観音〕。マハーヤーナにおいてもっとも力のあるこのボサツは、人間のほかに神々、動物、さらには地獄の住民たちをも助ける。すべてをみそなわす慈愛の化身であるこのボサツは、11の頭部、すなわち悪い鬼神を追い払う憤怒の表情をした9つの顔の上に、慈愛に満ちたひとつの顔と、さらにその上に自身の顔をもつ。鍍金ブロンズ。シッキム。19世紀。

ラマの再生

以上見てきたことには、絶対者と人間を仲介するボサツを考えるマハーヤーナの世界像が明白に現われている（122頁以下参照）。さらにまた、チベット仏教のトゥルク、すなわち再生したラマという構想も、このマハーヤーナの世界像のなかで容易に理解される。高貴な教師は、彼にそなわるブッダの性質ゆえに、その生物学的死の後、彼の救済の仕事をつづけるために、新しい「仮の肉体」でもって人間の形態を受け取る。このようにしてチベットでは、ダライ・ラマ――大海の師――は、クンドゥン（「現に存在する」の意）、すなわちボサツの目に見える地上的現存在とされる。ダライ・ラマの場合それは、慈悲のボサツでありチベットの守護神であるアヴァローキテーシュヴァラ〔観音〕である。人びとはダライ・ラマに、このボサツの絶えることなく、いま一四回目に繰り返されている再生を見ているのである。しかしある古い予言によると、今日のダライ・ラマ自身が引用しているのだが、彼の死でもってトゥルク再生の鎖は絶たれるとのことである。

付 タンカ

ヨーロッパやアメリカで特別な人気をもつ仏教美術の作品に、今日なおチベットやヒマーラヤ地方で制作されているタンカがある〔図24〕。それは、マンダラ（148頁参照）の図柄と同じもの、あるいはマンダラの構図に基づくその一部の群像、あるいは個々の独立像を描く絵画である。持ち運びに便利な軸装にし、素材に布を使うこの絵画作品は、巡礼の旅に携帯され、あるいはまた、寺院を離れたところでの礼拝のために各地に広められたのであろう。しかし本来それは、壁画とともに、あるいは壁画に代わって、寺院広間の装飾に使われたものである。強い輝く色が好まれているのは、暗い空間のなかでそれがあたかも自身から光を放っているかに見える必要があ

図24　タンカを制作するチベットの在俗美術家。ダラムサーラ（北インド）にて。

図25　ダーキニー〔荼吉尼〕を描くチベットのタンカ。19世紀。チベットで「天界を遊歩する女性」とされるダーキニーは、救済を告げる使者としてさまようのだという。超能力をもった彼女たちは、鬼神を追い払うおそろしい姿でもって、救済をもとめる者、とくにヨーガの実践者に、隠された神秘的な知識を与える。炎の光背のなかで踊る７人のダーキニーを描くこのタンカを対象に瞑想する行者は、天界を遊歩する女性たちから霊的な助けを獲得するのであろう。

ったからであろう。しかしまた、チベットの明るい陽光に対応するため、あるいはまた仏教における色の象徴性とも関係しているのであろう。
彩色には、以前にはもっぱら鉱物顔料——辰砂《しんしゃ》（朱）、鉛丹《えんたん》（赤橙）、硫化砒素（黄）、炭酸銅（青）——や植物性絵の具——インディゴ（青）、漆、木炭（黒）、モチ——が使われていた。制作には、（好まれた金地の場合にはとくに）多くの費用がかけられ、また秘伝とされた広範な専門知識が必要とされた。自然の絵の具は高価で、しかも水溶性であるから傷みやすく、次第に明度もより高い合成顔料に取って代わられた。アニリン顔料で描かれたタンカは、あたたかい色調をもつ古い作品に代わって今日はるかに多く制作され、主にみやげ物店で売られている。

伝統的な制作の場合、まず白墨《はくぼく》と膠《にかわ》を混ぜたもので下塗りされた粗い綿布（まれには亜麻、絹あるいは皮）が、つづく彩色のために木の枠に張られる。線描による下書きは、何よりも主要登場人物に宗教的にも効果のある理想的なプロポーションを与えることを目的とする。つづいて画家が、――彼はかならずしも下描き人と同一である必要はない――各面を絵の具で下塗りし、濃淡をつける。つぎに画布は、風景や人物像に最後の輪郭線を与えるため素描家にゆだねられる。眼の描き入れはもっとも難しいとされ、霊力をもつとされる親方に任せられる。眼を描き入れることによって絵の制作はおわる。すなわちこの「開眼」によって作品は信仰の絵になる。

絵を描きおえた画布には、別の美術家によって絵が放つエネルギーを象徴する黄色と赤の絹製の縁がつけられる。つづいてそれに、さまざまな色で模様を描かれた絹の縁飾りが縫い付けられる。この縁飾りには、上端に作品を吊るすための桟《さん》、下端にはひろげるため、あるいはひろげた絵の重しのための竿《さお》が取りつけられる。縁の下部には、模様のある金襴《きんらん》あるいは絹でつくられたいわゆる「扉」が縫いつけられる。今日では、この「扉」は作品が本物のタンカであることを証明するものだとされるが、その本来の意味はわからない。この「扉」の他に、本物のタンカと認められた作品には裏面にさまざまな文字が書き入れられる。それらは、描かれた図像の説明、とりつけられるべき場所の指示、寄進者の献辞、それに呪文や寺院の印であったりする。ときには、この作品の開眼の儀式を執り行なったラマの手形が押されることもある。そして聖別され、タンカは聖なる礼拝の対象となる。

八　東アジアの仏教

インドの外へ

南アジア

スリ・ランカには、アショーカ王の息子（あるいは兄弟）マヒンダが仏教を伝えたという（84頁参照）。これは、ブッダの教えがおそくとも紀元前三世紀には、今日のインドの国境を越えていたことを語っている。そのことは、パキスタンやアフガニスタンの各地で発見されている岩に刻まれたアショーカ王の布告文によっても、明らかに証明される。これらの地には、すでに数千年も前から「世界の屋根」（パミール高原）を越える峠道に沿って、ガンダーラやバーミヤンといった都市が築かれていたが、それらはやがて重要な仏教の中心地となった。

他方、東南アジアへの仏教のひろがりは、インドの東部および南部の海岸都市を基点としていた。すでに紀元前後には交易船が、カリンガ（今日のオリッサ）やアーンドラの港から東へ向かっていたと思われる。おそらくこの頃には、まだブッダの教えは伝えられなかったであろうが、それでもインド文化の拡大は、仏教受け入れの下地をつくっていたと思われる。

五世紀には、インドネシアの島々にブッダの像が現われていたことが知られる。またこの頃、ビルマにヒーナ

図1　ビハール（北インド）でつくられ、ジャワ（インドネシア）で発見されたアクショーブヤ〔阿閦〕のブロンズ像。8–10世紀。

ヤーナが伝わっていたことも証明されている。たしかに後の東南アジア全域における仏教の興隆は、この地に南下してきたタイ族に負うところが大きい。だがただインドネシアにあっては、なお数百年にわたってブッダの故郷から直接の霊感を受けていたのである。そしてこの地には、七世紀になるとヒーナヤーナだけでなくマハーヤーナも伝わっていたこと、そしてさらにのちには、とりわけスマトラにはタントラも伝わっていたことが、文献の資料から明らかにされている。大きな影響を及ぼしたのは、インド・ビハール州の僧院ナーランダーであった（115頁参照）。その地を治めていたパーラ朝（七七〇―一〇九五）の王室が、インドネシアの島々とさかんな海上交易を行なっていたからである。しかし仏教に帰依していたのはもっぱらジャワの上層階級であり、民衆のあいだでは祖先崇拝やシヴァ神の信仰がさかんであった。パーラ朝の没落とともに関係が途絶えたとき、インドネシアにはヒンドゥー教、仏教、アニミズムの混合体、すなわち諸教義の折衷がはじまり、それはやがて一四世紀以降、イスラームによって駆逐されていった。全体から見ると、東南アジアへの布教は、極東へは影響を及ぼさなかったと思われる。しかもヴェトナムを除けば、仏教のふたつの大きな布教前線、すなわち北伝と南伝は、地理的に接触点をもたなかったといえる。

中央および東アジア仏教史

紀元前五五一ー四七九年（？）	コンフーチウス〔孔子〕
三〇〇年頃	ラオーツェ〔老子〕
一世紀	インドのクシャーナ朝、ブッダの教えを中央アジアに伝える。
紀元後五〇年頃	中国に仏教伝わる。
二世紀以降	中央アジアに仏教栄える。重要なテクストの中国語翻訳。
二二〇年	中国の漢帝国崩壊。
二二四年	ササン朝（イラン）の勃興、インドと西洋の交流を阻む。以後中央および東アジアとの往来さかんになる。
三世紀以降	異民族による北中国支配、中国との違いを明確にするため仏教を歓迎する。
三七二ー五三八年	仏教、朝鮮のパエクチェ〔百済〕、コグリョー〔高句麗〕、シルラ〔新羅〕に伝わる。
四世紀	中国のウエイ〔魏〕朝（三八六ー五三五年）仏教を宮廷宗教とする。つづいて南中国およびフナン（扶南）において仏教を公認。
三九九ー四一四年	ファシアン〔法顕〕インドを旅する。
四四五ー四四六年	北中国における仏教徒迫害。
四七五ー五三〇年（？）	ボディダルマ〔達磨〕、中国禅を創始。
五五二（五三八？）年	ブッダの教え日本に伝わる。
五七三年	中国における仏教徒迫害。
五八一ー六一八年	南北中国、スイ〔隋〕王朝の下で統一。
六世紀以降	中国に独自の仏教宗派生まれる。
六〇四年	日本の憲法に仏教取り入れられる。
六一八ー九〇六年	タン〔唐〕朝の下で仏教美術隆盛。
六三九ー六四五年	中国の僧シュアンーツァン〔玄奘〕インドに滞在。
七世紀	チベットにおける最初の仏教伝道。
六六八ー九三五年	シルラ〔新羅〕、朝鮮を統一し、シルラ王朝の下で文化おおいに栄える。
七五一年	アラビア軍、西トルキスタンで中国軍を破る、中央アジアのイスラーム化はじまる。
七七五年頃	チベットにおける最初の仏教僧院。
七九四ー一一八五年	日本の平安時代。
八世紀	タントラヤーナ（密教）ネパールに伝わり、さらにチベットを経て中国へ。

日本において中国の手本にならい多くの宗派誕生。

八〇四年　日本の僧最澄および空海、天台宗および真言宗を開く。

九世紀中頃　チベットにおける仏教徒迫害。

八四三—八四五年　中国における仏教弾圧、ほとんどの仏教施設破壊される。

　この頃、日本の僧円仁中国を訪れる。

九三五—一三九二年　朝鮮のコーリョー〔高麗〕時代、仏教おおいに栄える。

一〇世紀　東トルキスタンのイスラーム化。

一一世紀　チベットにおける第二次布教期、インドのテクストの翻訳。

一〇三九年　僧アティーシャ、伝道師としてチベットへ。

一〇九七年　中国の禅、朝鮮に伝わる。

一一八五—一三三三年　日本の鎌倉時代、多くの仏教宗派が生まれる。

一一九一年　中国の禅、日本に伝わる。

一二—一三世紀　日本でアミダ信仰さかんになる。

一二〇六—一二三六年　モンゴル、朝鮮に侵攻。

一二一五—一二三〇年　モンゴル、東トルキスタンおよび北中国を占領。

一二二二—一二八二年　日本の日蓮上人活躍。

一二七九—一三六八年　モンゴル、中国全域を支配。

一三世紀　チベットのシャキャ派、モンゴルの宗主権の下でチベットの政権を握る。

一三五七—一四一九年　チベットのツォンカパ、ゲルク派を創設。

一三六八—一六四四年　中国のミン（明）王朝、道教と仏教を迫害する。

一三九二年　朝鮮にイ〔李〕朝勃興、儒教に改宗。

一五七六年　モンゴル、ラマ教に改宗、ゲルク派の指導者にダライ・ラマの称号を与える。

一六〇三年以降　日本の徳川時代、仏教の新宗派の創設には政府の許可が必要とされる。

一六四四—一九一一年　中国のクィン（清）王朝による仏教徒迫害さらに強まる。

一七二〇年　中国、チベットを占拠。

一七六九年　日本で神道の影響強まり、仏教を圧迫。ネパール、ヒンドゥー教化。

一八五三年　アメリカの艦隊、かたくなに閉ざされた日本の開国を迫る。

一八六八年　日本の徳川政権崩壊、政権についた天皇、神道を国家宗教とし、仏教を迫害する。

一八七五年　日本において信仰の自由認められる。
一九一三―一九一三年　チベット、中国から独立、シムラの会議。
一九二一年　モンゴルでの共産主義革命、仏教徒の迫害。
一九五〇―一九五一年　中国、チベットを占拠、チベットの中国化。
一九五一年　アメリカのニュージアジア州に、ゲルク派の団体〈フリーウッド・アクレス〉創設。
一九五九年　ダライ・ラマ、インドに亡命。
一九六六―一九六七年　中国の文化革命。チベットにおける僧院の破壊と僧の還俗。
一九八七年　チベットにおける僧の団体と中国軍の衝突。ラマ教に対する弾圧強まる。

中央アジアを経て中国へ

仏教の北方進出への道をひらいたのは、紀元後一世紀にその影響範囲を北インドやアフガニスタンだけでなく、カラコルム山脈を越えて拡大していたクシャーナ朝の勢力であった（222頁参照）。この広大な地域ではさまざまな文化が交流し、ヒーナヤーナのみならずマハーヤーナの仏教とならんで、マニ教やネストリウス派のキリスト教も知られていた。しかしやがて、そのなかでもとりわけマハーヤーナ仏教が、より強い浸透力を示すこととなった。

ガンダーラとアフガニスタンを抜ける大交易路の存在は、それだけでも仏教の西方への伝播を可能にしたに違いない。しかしイランに、強い民族意識に燃え、あらゆる異邦人に対して懐疑的なササン朝（紀元後三―七世紀）がおこったとき、何百年もつづいた東西の交流は終止符を打たれた。しかしそのことは同時に、峠を越えてのトルキスタンとの交易をいっそうダイナミックに発展させた。交易路に沿ったオアシスは、たんなる荷物の集散地や供給地から、豪華な施設をそなえた文化の中心地へと発展し、それらの各地に、みごとな壁画で飾られた重要な仏教岩窟モニュメントが、何百年にもわたってつぎつぎと築かれていった。これら美術品の制作に使われた手本は、インドからの僧が荷物に混ぜて運んだ細密画や小彫刻品であった。しかし彼らがもっとも努力して運んだのは聖なる経典であり、そしてそれらは、新しく生まれた学識あふれるオアシス都市で、それぞれの地で当時使われていたさまざまな言語に翻訳された。

このようにして、仏教はついにこの大交易路の東の終点中国に達した。ところで、中国の仏教徒は、この新しい宗教との接触をひとりの皇帝に帰している。すなわち紀元後六五年頃その皇帝は、中央アジアから仏教の伝道師を首都ルオヤン（洛陽）に連れてくるよう、夢のなかで指示されたというのである。これは、後の世代のつくり話であろう。しかし時代には、いくらかの正確さも含まれている。後漢（九−三〇）の中国では、すでに人びとは中央アジアの仏教都市についての知識をもっており、インドからの最初の布教僧を——もちろん大きな関心を寄せることはなかったであろうが——受け入れてもいたのであった。しかしや

図2　菩提樹の下のブッダ。ここでは上方にストゥーパが登場。中国への隊商路に沿った今日のタルパン・ブリッジ（北パキスタン）近くの岸壁に刻まれた線描画。6–7世紀。

図3　ブッダに捧げものをするソグドの寄進者。シルク・ロードに沿ったオアシス都市ベゼリク出土の壁画からの描き起こし。

がてまもなく、仏教のテクストも、けっして原文に忠実ではなかったが、中国語に翻訳された。このことは、ひとつには、翻訳者が自国の文学の文体を忠実に守ろうとしたことによるのであり、ふたつには、仏教の多くの抽象概念が、中国語のなかに対応するものをもたなかったことによる。それゆえ独特の語彙《ごい》が新たにつくられねばならなかったし、また一部では、他の宗教（たとえば道教）の専門語を借用しなければならなかったのである。

インドからの布教僧と中国からの巡礼僧

四世紀から五世紀にかけて、名高いインドの僧が、布教のために中国に向かった。そのなかには、マハーヤーナのテクスト――東アジアでとりわけ大きな位置を占めるロートス・スートラ（『法華経』）も含まれていた――を新たに、そして正確に翻訳したクマーラジーヴァ〔羅什〕もいた。逆に中国の僧が、ブッダが活躍した場所を自分の目でたしかめ、また尊師の故郷でその教えを学ぶために、巡礼の旅に出た。なかでも有名なのは、ファシアン（法顕、三九九―四一四年に旅行）、シュアン－ツァン（玄奘、六二九―六四五年に旅行）、イ－チン（義浄、六七一―六九五年に旅行）であった。彼らは帰国後、翻訳者、注釈者として活躍し、そのうらづけのある知識でもって仏教のさまざまな流派を打ち立て、それらはやがて朝鮮や日本に影響を及ぼした。

やがてイスラームの進攻とともに、インドとアジアの諸隣国との交易路は閉ざされた。そして仏教がその故郷の国で意味を失ったとき、中国からの敬虔な巡礼者の流れも途絶えた。

図４　中央アジアの洞窟内で経典を写す僧たち。カラ・シャール出土の壁画より。６世紀頃。

図５　ラクダを連れたシルク・ロードの商人。タン（唐）時代（608-918年）の彩釉テラコッタ（唐三彩）。

中国の仏教

仏教の試金石

中国との出会いは仏教にとって、自己の力を知らされる歴史上おそらく最大の試練であった。この地で仏教ははじめて、精神的に同等に高度な文化に出会ったからである。それゆえ、仏教が「中華の国」でひろまるには数百年を要した。中国人にとって、異邦の救済の道は容易に近づけるものではなかった。インド人は、世界に起こる出来事をひとつの苦しみに満ちた永遠につづく循環と見ていた。それに対して、伝統的にただ現世にのみ関心を寄せる中国人は、正確な歴史の叙述に価値を置き、ひとつの直線的な歴史観をもつことを当然としていた。それは、循環するいのちからの解放〔輪廻からの解脱〕という思想とは、遠いものであった。

中国において仏教に対して何百年にわたって申し立てられた異議のほとんども、このことに起因していた。いわく、仏教の僧は、国家の安寧にほとんど何も貢献しないではないか。彼らは、生産的な仕事にけっして立ち向かおうとはせず、政治的にもけっして明確な態度を示そうとしないではないか。要するに彼らは、どっちつかずの危険な存在とみなされたのである。なかでも眉をひそめさせたのは、彼らが、中国にあって非常に大事にされた、しかも中国人の歴史意識と深く結びついた、しかもそれへの供養があらゆる運命を左右すると信じられていた先祖への崇拝を拒否したことである。

中国古来の宗教

古代の中国では、小宇宙および大宇宙の運行に作用する女性的原理「イン」（陰）と男性的原理「ヤン」（陽）の二元論が信じられていた。そしてこの両者を統一するのが、すべてを包括する秩序「ダオ」（道《どう》、タオとも、

図6　仏教美術の比類のない遺品をおさめたドゥンフアン（敦煌）のモガーオ（莫高）の洞窟。

「道《みち》」、「教え」の意）であった。仏教が入ってくる以前の中国にあっては、何よりも大切なのは「最高のダオ」における二極の統一、そしてその究極の一元論における互いにあがなうもの、対立するものの和解であった。人間のダオを天のダオと一致させること、それが何よりも努力する価値のあるものとみなされていたのである（道教）。そしてこのことを人びとは、この世とあの世、天と地の仲介者でありもっとも徳の高い存在、すなわち皇帝に期待したのであった。このような思想世界にあってすべてを決めたのは、敬虔な立ち居ふるまい、すなわち目上のひとや年長者に対する畏敬、先祖に対する社会あるいは個人のとるべき態度であった（儒教）。このような思想は当然ながら、際立った儀礼偏重主義を生んだ。宗教的な儀式が動物の、そしてときには人間の生け贄を含んでいたことは、仏教との何よりも最大の対照であった。

道教は、たとえば瞑想の実践とその方法（呼吸の制御など）、あるいはダオの媒体としての静寂の強調など、仏教とのいくつかの——一部はただ見かけだけの——類似点をもつ。そしてまさにその類似ゆえに、道教の概念は仏教テクストの翻訳に借用された。このことは、中国における仏教にとって、たしかに初期の困難を克服するのに役立った。しかし、深遠な受容にとってはさまたげとなった。仏教を知った道教の信奉者たちは、いっそう強く呪術的、錬金術的思想にとりつかれ、仏教に、何か不老長寿の秘法を見つけ出そうとしたのであった。

ブッダの教えが、このようなあやまった理解と崇敬の緊張した関係を克服できたには、政治的な事件がきっかけにもなった。すなわちハン（漢）時代（紀元前二〇二—紀元後二二〇年）の末期、中国に侵攻した北方からの遊牧民は、これまで傲慢に振る舞ってきた中国文化、すなわち道教や儒教に対抗する精神的支えをもとめ、そしてそれを仏教に見出したのであった。そのような北方遊牧民族の建てたウエイ（魏）王朝（三八五—五三五）の下で仏教は、中国においてはじめてすべてに優位な立場を得たのであった。北の「野蛮人」の手がとどかなかった南部においても、その間に、異邦の教えがもつ哲学的側面への関心が目覚め、やがて人びとは、ここに新しい精神的次元や展望がひらけていることを理解した。

このような展開は、仏教と道教のあいだのかつての協調をこわした。また儒教とは以前にも増して緊張を高め、四四五年から四四六年にかけて、北部の儒教を信奉するある大臣は、中国における最初の仏教弾圧を行なった。それから数十年後、南のある皇帝が仏教を国教とし、道教の僧院や寺院を強制的に閉鎖したとき、対立はふたたび激化した。民衆はとまどい、ある者たちは宮廷であまりにも優遇される仏教に反感さえ示した。このような混乱した状況のなかで、ブッダの教えは未来の救済者マイトレーヤ〔弥勒〕へのナイーヴな信仰に還元され、先祖崇拝や黒魔術的なさまざまな要素と混合していった。

図8　中国の家庭用礼拝像。ブッダ・アミターバ（阿弥陀）は、一段と高いところに座し、他の者たちを支配する。鍍金ブロンズ。584年。

図7　道教は、インーヤン（陰陽）にマクロとミクロに作用する普遍的原理を見る。

図9　道教の呪文字。左は、「生」の表意文字に由来する身体を守るしるし。右は、黒いトラと黒い霧を避ける呪文字。

付 道教と儒教

道教　道教の祖とされるラオーツェ（老子）については、ほとんど何も知られていない。かつてはコンフーチウス（孔子）と同時代人とみなされたこともあったが、今日では紀元前三〇〇年頃に生きたとされる。インドから輸入されたと思われる誕生伝説は、ブッダのそれに似ており、中国における両者の姿は、しばしば混同される。ラオーツェは南のひとであり、その神秘主義は、北を故郷とする道徳家コンフーチウスの合理主義に対照する。最高の目標ダオ〔道〕を彼は神秘的な「大」と説明し、それは、コンフーチウスとは異

図10　神格化されたラオーツェ〔老子〕を描く彩色石彫。しかしここには、蓮華座、蓮華光背など、仏教美術のさまざまな要素が取り入れられている。中国。583年。

なり、天の意思を伝えるものではないという。ラオーツェにとっての究極の現実は知的に把握できるものではなく、ただ個人的に体験されるものだという。そしてその秩序に従うことがダオである。それはすなわち、自然と一致しての単純な生き方であり、それゆえ従来の国家論で天の意思と説明された国家機構は否定された。道徳とか義務とかの代わりにひとは、ウウェイ（「何もしない」の意、「無為」）、すなわち自然に逆らうことは何もしないということを学ばねばならない。

儒教　コンフーチウス（孔子、紀元前五五一―四七九年）にはじまる教えは人びとに、ダオに従った振る舞い、すなわち目上の人、年長者に対する畏敬をすすめる。理想とされるのは、徳と教養を身につけた気品ある人間である。儒教が世に出たのはハン（漢）時代（紀元前二〇六年以降）であり、そのとき人びとはコンフーチウスという人間を崇拝することもはじめた。崇拝の対象は、はじめのうちは彼の系図表であったが、やがて一三世紀頃から、ブッダを手本として形づくられた肖像となった。これは、西洋において混乱を生み、本来おおいに異なる儒教と仏教の教説がしばしば取り違えられた。一九〇六年中国においてコンフーチウスは、公式に最高神にまつりあげられた。

仏教諸宗派の誕生

はじめのうち、北部だけに限られていた中央アジアやインドとの接触が、タン〔唐〕の時代〔六一七‐九〇六〕に中国全土にひろがると、仏教テクストの将来《しょうらい》も次第にその数を増していった。その結果、おおかたはインドの手本にならった、あるいはインドの経典のひとつを教義の核に高めた、中国独自の仏教宗派が誕生した。たとえば、リュツォン派〔律宗〕は、その最高の課題を伝統的な修行者戒律の厳守に見、シュアン‐ツァン〔玄奘《げんじょう》〕によって創設されたウェイーチ〔唯識〕派〔法相宗〕は、哲学的な要求をもってインドのヨーガチャーラ〔瑜伽行派〕を手本にした。チャン派〔禅宗〕――これについては別項を立てて述べる〔203頁以下参照〕――とならんで、今日なお重要な意味をもつものにティエンタイ派〔天台宗〕とジントゥ派〔浄土宗〕がある。この二派では、大衆の安寧《あんねい》が第一義とされ、修行者のたましいの救済は二の次とされた。ティエンタイ派〔天台宗〕は、すでに触れたロートス・スートラ〔法華経〕を引き合いにし、だれのうちにもブッダの性質〔仏性〕は隠れており、ただそれを見つけはぐくめばよいと説いて、すべてのひとに救済を約束した。さらにこの派は、この世とあの世、現実と神秘的な理想のあいだに対立ではなくひとつの完全なる統一を見、その統一がもつ救済の力は瞑想によって経験できるとした。

ジントゥ〔浄い国土〕派〔浄土宗〕は、すでに三五〇年頃に創設されており、中国においてもっとも古い根をもつものといえる。「浄い国土」とは、その信仰がインドではけっして浸透することのなかったブッダ・アミターバの西方極楽土〔105頁参照〕のことである。七世紀ごろには、アミターバ〔中国ではオミトフォ〕と、彼に随伴するボサツ、アヴァローキテーシュヴァラ〔観音〕〔中国ではクァンインと呼ばれ、女性の姿をとる〕は、慈悲をもたらす者の最上段にすえられた。極楽への期待は、ニルヴァーナ〔涅槃〕という抽象的な概念よりも明らかに多くの共感を得た。くわえてこの救済の道をたどるには、――おそらく経典の翻訳の際の誤解に起因するのであろうが――単純な実践法が奨励された。すなわちオミトフォの慈悲を得るためには、ただ彼の名を唱えればよいとされたのである。

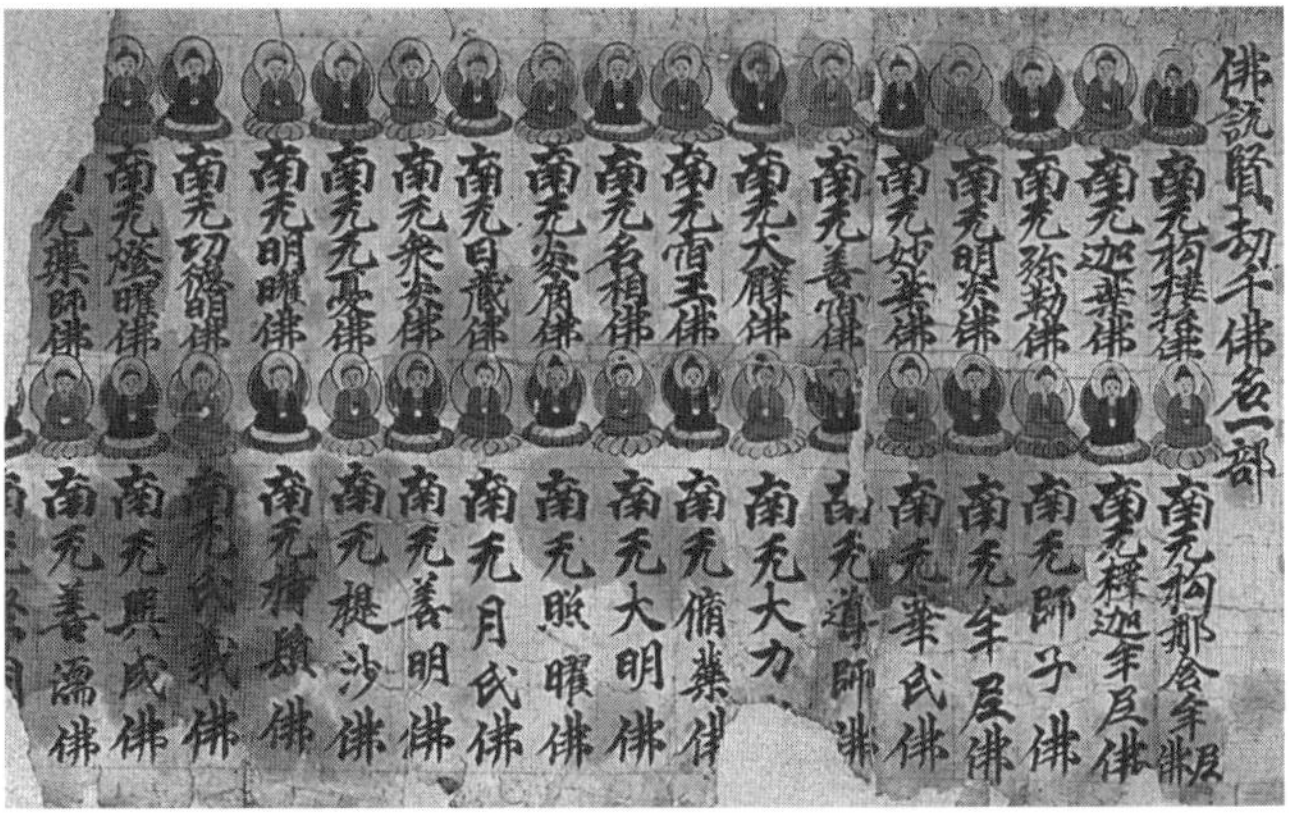

図11　早い時代の中国仏教の写本。縦の文字行のそれぞれに２体の仏像が彩色され細密に描かれている。

図12　中国の粘土製奉納板。中央に中国のストゥーパの形式である三重のパゴダがあり、そのなかに坐るブッダの姿が見える。これは、歴史的ブッダの最後の説法の際に、彼の伝説上の前任者〔多宝如来〕がストゥーパとともに現出したと語る『ロートス・スートラ』の一節（第11章）を描いているのかもしれない。650年あるいは656年。

図13　タン（唐）時代の様式によるボサツ頭像。大理石。シィアン（西安）出土。760年頃。

仏教の無力化

七五一年無敵をほこった中国軍は、タラス河のほとりで深刻な敗北をきした。イスラーム軍は西トルキスタンまで進攻し、そこでタン〔唐〕朝の軍隊をやぶり、中央アジアにおける仏教を終息に追い込んだ。孤立した中国は独自の文化を振りかえり、その流れのなかでふたたび道教や儒教に顔を向けた。当初、中国仏教はそれによって動揺することはなかった〔図14〕。僧たちは富と力を蓄積しており、僧院奴隷を使役し、広大な私有地をかかえ、銀行業さえいとなんでいた。仏教僧の自立経済から生じたこの行きすぎは、儒教を奉じる九世紀の役人たちに、皇帝を味方につけるに都合のよい口実を与えた。そして八四三年から八四五年にかけて大規模な仏教弾圧がおこり、僧院は没収され、僧や尼僧は還俗させられ、およそ四万五千の仏教建築が破壊された。

国家はのちに、ふたたび穏健な態度を示したが、中国における仏教は、二度とこの打撃から立ちなおることはなかった。その間に、仏教の影響を取り入れていた儒教は、決定的に優位な立場を占めていった。仏教哲学への関心はうすれ、寄進者も減った。最後にミン〔明、一三六八―一六四四〕やクィン〔清、一六四四―一九一二〕の王朝は、道教と同じく仏教に対しても大きな圧力をかけた。彼らの秩序ある国家の思想は、身をかがめた従順な儒教だけをなお許可した。

ヨーロッパの列強による中国への圧迫は、二〇世紀の初頭、その反動として仏教のみじかい、そして弱々しいルネッサンスをまねいた。そして共産主義者による国土の制圧は、仏教にほとんど自由の余地をのこさなかった。一九六六年にはじまった文化革命は、数えきれない仏教聖地を組織的に破壊した。その結果、仏教のパンテオンの住民は招福の神となり、僧は死者のミサにおける有料の司会者、あるいは運命の解読者としての需要に応じ、民衆のあいだにはただジンクレティズム〔諸教混淆〕だけがのこった。

図14　幼児シッダルタ・ガウタマをあやすコンフーチウス〔孔子〕とラオ-ツェ〔老子〕。中国絹絵。14世紀。中国における諸宗教の平和な共存の寓意。

図15　シャンハイ（上海）のジャーデ（玉仏）寺の僧たち。中国共産主義の下でも仏教の伝統は控えめな方法ではあるが生きのこっている。

朝鮮を経て日本へ

朝鮮の仏教

仏教が中国へ浸透しはじめた頃、朝鮮は新石器時代の文化段階にあった。国土はパエクチェ（百済）、コグリョー（高句麗）、シルラ（新羅）の三王国に分かれていた。くわえて、異邦の影響の扉として、北に中国の領州があった。三七二年から五二八年にかけて、それまで精霊崇拝や祖先崇拝が行なわれていた三つの朝鮮王国は、中国で形成されていた流派の手本にしたがって、仏教を受け入れた。それぞれの教説、とくにチャン仏教（207頁以下参照）は、朝鮮がひとつの統一国家にまとまったコーリョー（高麗）時代（九三五―一三九二）に、その隆盛期をむかえた。しかしモンゴルがこの国を占領した一三世紀に、ほとんどの初期仏教の僧院や寺院は滅亡した。

一三九二年にはじまるイ（李）朝の興隆とともに、朝鮮はふたたび、中国での展開にならい、儒教に顔を向けた。たしかに朝鮮の一部には、今日なお仏教が信仰されている。しかしそれは、もはやほとんどダイナミックな展開をもたない、民間の祖先崇拝に刻印された信仰の形をとる。唯一の例外は、慈善運動に活躍するウォン（円）仏教である。二〇世紀の初頭に登場し、白地の上の黒の円をシンボルとするこの教団は、朝鮮国内では多くの支持者を得たが、国際的にはほとんど影響力をもたない。

図16　朝鮮の画家キム・ミョン-グク（金明国）の描くダルマ。この酒に酔った状態でしか描かなかったと伝えられる偉大な画家は、その大胆で軽やかな筆使いで見る者に強い印象を与える。

日本の仏教受容

このようなことから仏教史において朝鮮のもつ意味は、むしろ仲介者としての役割である。ここから、日本への伝道ははじまったのだ。五五二年パエクチェ（百済）の僧たちは、島国に新しい教えを伝えるために海をわたった。当時の日本の文化状況は、四世紀の朝鮮におけるそれと似ていた。ただこの国は、島という地理的条件からそれまでほとんど外からの影響にさらされたことがなかった。そしてそこでは、のちに神道に発展する局地的な先祖神（カミ）をまつる信仰が、堅固な基盤を築いていた。

最初はもちろん支配層に、仏教と結びついた文化的成果が歓迎された。聖徳太子（五七四－六二二）は、ブッダの教えを憲法にさえ取り入れた。まもなく、すなわち六〇七年、日本は中国の宮廷に最初の使節団をおくった。以後こ

図17　鎌倉時代の自然に近づく実践にふさわしく、樹上で瞑想する華厳宗の僧。14世紀の軸装画。

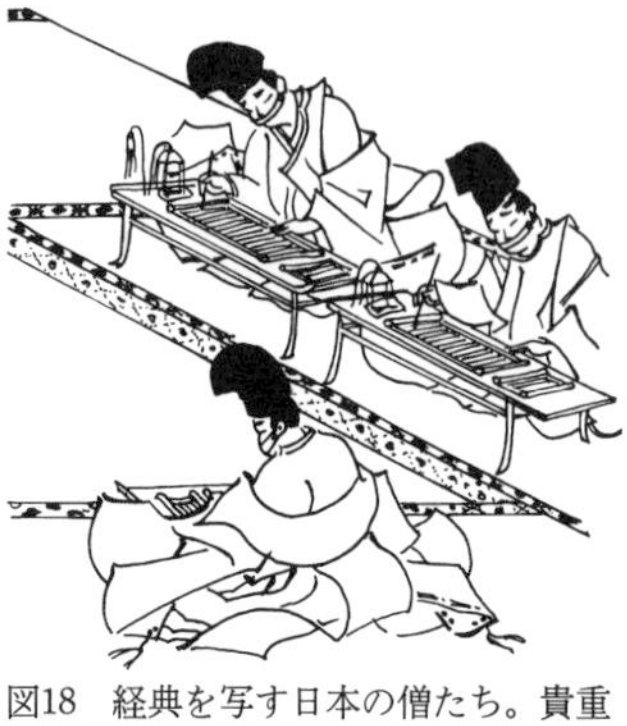

図18　経典を写す日本の僧たち。貴重な経典を息で傷つけないよう、口を布で覆う。14世紀あるいは15世紀の絵巻物からの描き起こし。

図19　音節フム（6章14図142頁参照）のシッダム（悉《しっ》曇《たん》）文字で表わされた愛染明王（「秘密の知恵の王」）。日本の掛け物。14世紀。

のしきたりは規模を大きくし、八三八年までつづけられた。それは、この文化的に重要な時代に、仏教僧や芸術家が定期的に両国間を行き来することを保証した。

奈良時代（七一〇－七八四）に、この交流をもとにして六つの宗派が形成された。すなわち中国のウェイーチ（唯識）を受け継いだ法相《ほっそう》宗、リュツォン（律）派の日本での支流律《りつ》宗、インドのヨーガーチャーラ（瑜伽行派）に拠る倶《く》舎《しゃ》宗（118頁参照）、中観派である三論《さんろん》宗（113頁参照）、ヒーナヤーナのサウトラーンティカ（経量部《きょうりょうぶ》）に拠る成実《じょうじつ》宗、それにブッダ・ヴァイローチャナ（毘盧舎那仏《びるしゃなぶつ》）への崇拝を中央集権国家の頂に位置する皇帝（天皇）という神道的な理念と結びつけた華厳《けごん》宗である。これらはみな、日本人のあいだにとりわけ瞑想、呪術、苦行、慈悲を説くことで特別な共感を見出した中国の、あるいはインドの教義の一部分、あるいは一側面を抜粋強調するものであった。

八世紀のすえ、首都の奈良に根を下ろしたこれら宗派の僧たちは、政治の上であまりにも多くを主張するようになり、それゆえ天皇は、政権の座を長岡に、つづいて七九四年には平安（今日の京都）に移す決心をした。事実これでもって、奈良六宗派の政治への影響は克服された。しかしまもなく、中国で学んだ空海（七七四–八三五）と最澄（七六七–八二二）は、政治にさらに強い影響を及ぼすことになるふたつの新しい宗派を建てた。とくに空海のタントラ的真言《しんごん》宗は、土着の神々をブッダの化身とみなし、それでもって国家の安定に必須とされた仏教と神道の統合に形を与えたことで、権力のなかでの重要な地位を確保した。他方、京都近くの比叡山に本拠地を置いた最澄の天台《てんだい》宗（この呼称は中国のティエンタイによる）もまた、政治権力への強い関心をあらわにした。この宗派は、たがいに敵対する分派を生みながらも、僧兵という軍隊を組織して他の宗派に対抗し、ときには国家権力との武力闘争をも辞さなかった。

図20　とくに天台宗において最高の知恵のボサツとして崇められた普賢（インド文化圏ではサマンタバードラとして知られる）。金彩色をのこす木彫。日本。12世紀。

神道　日本に土着の信仰を外来の仏教から区別するための集合概念。それは、結局のところ、すべて自然崇拝を基盤としており、それゆえしばしば、山岳や樹木などが聖なるものとして崇拝の対象とされる。東アジアに広く分布していた祖先崇拝への拡大は、おそらく発展の後期においてのことと思われる。これとの関連があるのか、すでに仏教伝来以前に当時の村落集団には、それぞれの土着神（カミ）を祀った社が建てられていた。神道の解釈によると、世界はその生成を先祖であるイザナギとイザナミに負っており、神々もまた、この両者から誕生したという。日本国の創建は、太陽神アマテラスの子孫にさかのぼるという。日本最初の天皇（皇帝）もまた、このアマテラスの直系であるとされる。また神道においては、この世とあの世のあいだにはいかなる矛盾も存在しない。

浄土宗

一一世紀の半ばころ、天皇を頂点とする貴族政権はゆらぎはじめ、その不安定な状況は、新たに勃興した武家が権力をにぎる鎌倉時代（一一八五―一三三三）へと移行していった。この変革の時代に、禅とならんで、すでに中国にあってその単純さと明快さで人気を得ていた仏教の流れ、すなわちブッダ・アミターバ（日本ではアミダ〔阿弥陀〕と呼ばれた）への信仰もまた、多くの信奉者をあつめた。不安定な時代にあって人びとは、もはやみずからの力ではこの世の葛藤《かっとう》からのがれることはできないとし、アミダの慈悲に救いをもとめたのであった。すなわち人びとは、「西方の浄土」での再生を期待したのであった。この信仰もまた多くの分派を生んだが、やがて源空（「法然上人」と呼ばれた、一一三三―一二一二）は、在家信者のための統一されたアミダ信仰を創設し、浄土宗（「浄い国土」の流派）とみずから名づけた。無条件の信心と純なこころを前提として、「西方の浄土」、すなわち極楽への道をひらくとするこの宗派の儀礼は、ただアミダへのたゆまぬ呼びかけ「ナムアミダブツ」（「ブッダ・アミターバをたたえます」の意）であった。

源空の弟子親鸞（一一七三―一二六二）は、この教えをさらに一歩すすめた。彼の浄土真宗（「浄い国土の真の流派」の意）は、アミダへの呼びかけにもはや直接の期待さえいだかせなかった。それはただ、ブッダへの感謝であるとされた。信者たちには、世俗での生活を何も変えることなく、与えられた職業につき、結婚し、いかなる教義、苦行、呪術、儀礼からも離れ、ただ日々の行ないでもって世間とブッダに奉仕することがもとめられた。この現実的な教えは、今日まで、日本の仏教宗派のなかで最大の支持者を得ている。

日蓮宗

似たような単純な「哲学的」要求をし、しかしその際に強い民族主義を標榜《ひょうぼう》する日蓮上人（一二二二―一二八二）の運

図21　従者たちと寺院の建立にふさわしい土地をもとめて旅をする日蓮。15世紀の絵巻物の一部。

動もまた、劣ることのない成果をあげた。終末思想にとりつかれた彼は、日本民族を卓越した存在とみなし、彼の教えをひろげることによってその民族に世界的声望を得させるのだと主張した。日蓮にとって、ブッダ自身によって著わされたとする『蓮の花のスートラ』（日本では『妙法蓮華経』）が、経典のなかでももっとも重要なものであった。しかし彼は、この書はあまりにも難解であり、同時代の人びとにはもはや理解できないと考えた。しかし、このテクストの教えはすでにその表題に含まれており、それゆえ救済のためには「ナムミョウホーレンゲキョウ」（「妙法蓮華経をたたえます」の意）を繰りかえし唱えることで十分であると説いた。疑いもなくそのような儀礼は、トランスに似た状態をつくり出すに違いない。しかし奇妙なことに日蓮は、救済をただ同じくみじかい文句の繰りかえしにもとめていたアミダ仏教に激しく敵対した。このような攻撃的な性格と、権力を味方にしようとする熱狂的なこころみは、ついには日蓮に死刑が宣告される状況までつくり出した。しかし彼は刑の執行を

図22　地蔵ボサツ。ここに、右手に乞食の杖、左手に呪珠をもつ遍歴の僧として表わされているボサツは、日本の仏教では子どもや女性の守護者としてあつい信仰をあつめている。おなじボサツは、インド文化圏ではクシティガルバと呼ばれ、遍歴の僧や地獄で苦しむ者たちの庇護者とされる。等身を超える彩色木彫。日本。1665年。

のがれ、人生ののこりを富士山ろくの僧院ですごした。

あまりにも意志の強烈な聖職者に対するおそれは、その後数百年にわたって為政者の頭からはなれることなく、織田信長（一五三四―一五八二）の時代には、山上に要塞に似た僧院を構える天台宗の僧たちに向けて軍隊がおくられた。徳川将軍の時代（一六〇三―一八六八）には、新しい仏教宗派の創設には国家の許可さえ必要とされた。この時代は、外の世界に対する神秘的な閉鎖で特徴づけられる。将軍家は、国内の敵対する勢力や新たな内戦だけでなく、西洋の不当な干渉や外交駆け引きにも警戒したのである。一八六八年天皇がふたたび政権につき、神道が唯一の宗教と宣言された。この布告は七年後に撤回され、それ以後仏教もまた、――第二次世界大戦時神道を力ずくで浸透させようとするこころみが企てられたにもかかわらず――ふたたび新しい信者を得た。

新興宗教

二〇世紀の初頭、工業化と交易国家への発展にともなって芽生えた民族的自尊心は、とくに日蓮宗への記憶を

図23　香をたく今日の日本の在家信者。

呼びさまさせた。仏教という大舞台の上に、多くの場合じつにつましい教義を立てた、多くの日蓮宗分派が登場した。それらのうちには、いかがわしい評判を得たものもあった。一九一四年に創設された国柱会は、日本政府を仏教の名のもとで無条件の拡大政策に駆り立てようとし、三〇年代には政治的暗殺さえ企てた。また創価教育学会は、その激しい宣教手法がわざわいして悪いうわさを立てられた。たとえば彼らの中には、ある何らかの不幸にみまわれた家庭に対し、結社に貢献すれば不幸をまぬがれるなどと不安を煽ったと言われる者もいる。

しかしやがて、ほとんどの日蓮宗分派も平和的手段をとるようになり、たとえばいまや世界的に活動範囲をひろげた創価学会インターナショナル（ＳＧＩ）は、さまざまな文化機関で展覧会、音楽界、あるいは講演会を催している。ＳＧＩのとくに成果をあげた布教は、歴史的な不正確さや哲学的なあいまいさをひとつの単純な詠唱儀礼に結びつけたことであった（254頁参照）。マスメディアにのる著名人（たとえば歌手のティナ・ターナー）もまた強く惹かれるとするこの簡便に映る教義は、政治的にも経済的にも誘惑されやすい人間性を計算に入れるという、あやうい敷居の上につねに立っている。ここでもって仏教は、歴史的ブッダの教えからもはやこれ以上遠くには離れられないひとつの極端に到達した。

禅　宗

はじまり

禅仏教のはじまりは、六世紀に瞑想（ジャーナ「禅」、中国でチャン、日本でゼン）を教えるため中国に来たひとりのインド人――あるいは伝説上の存在かもしれない――ボディダルマ〔菩提達磨〕にさかのぼる。しかし道教、プラジュニャーパーラミター〔般若波羅蜜〕、ヨーガーチャーラ〔瑜伽行派〕の要素も見られる独立した宗派として世に出したのは、フイ－ネン〔慧能〕（六三七―七一三）であった。その教えは、すべての生きものは、いまだ「さとり」に至らぬブッダであるという前提の上に成り立つ。このことを「さとり」のうちに真理として経験することが、禅の目的である。そのために、おそらくすでにフイ－ネンの時代に、四つの原則が形成され、それは今日まで適用されている。

四つの原則

そのひとつ、経験の伝達は書き物の外でなされる〔教外《きょうげ》別伝《べつでん》〕。この考えは、すでにタントラのなかにもあるが、禅において、新しい性格を得た。ここでいう「さとり」の体験とは、ブッダにとっても突然のできごと、宇宙そのものとの不意の接触であった。説法のなかでブッダは、その体験をことばで活きいきと伝えようと試みた。しかしのちに彼のことばが学問的研究の対象とされたとき、その突然の体験にさまざまな解釈を重ねることがはじまった。それゆえ禅は、解釈のための書き物やそれら書き物から導き出された実践のすべてを拒否した。ここに禅は、ときには事実あまりにも傲慢になった学識への抗議を表明したのであった。ときにはブッダの木像を公衆の面前でやきすてるといった挑戦的な行為で禅僧は、儀礼の無意味さをデモンストレーションした。何よりも大

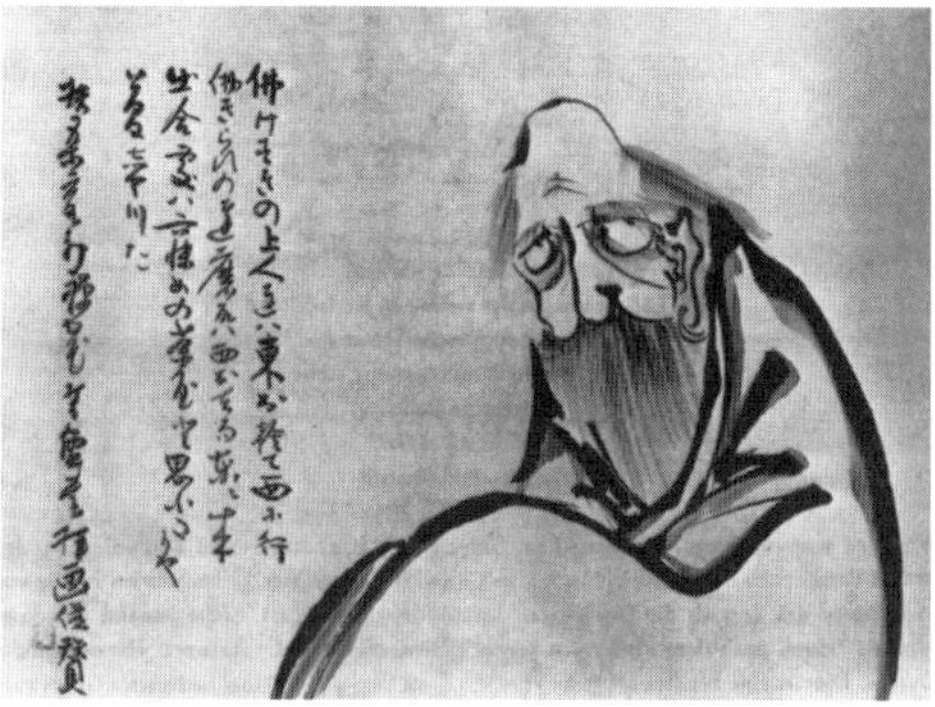

図24　ダルマ（ボディダルマ）。日本の禅師仙厓（1750–1837年）の墨画。かたわらの文字による仙厓自身の解説は、日本の仏教徒の読書による知識を厳しく非難する。

図25　禅の先師フイ-ネン〔慧能〕は、書き物におぼれる同時代（7–8世紀）の知識人を非難するために経典をやぶりすてる。日本の掛け物。13世紀。

切なのは、瞬間の現実であるというのだ。つぎの逸話は、おそらくこの第一の原則を説明しようとするのであろう。

「武帝は傅大士《ふだいし》に宮中である経について講義するよう命じた。傅大士は書見台に近づくと、もっていた杖で台面を打った。」

認識は、すべてのことばを黙らせる、というのである。このことは、禅の教えのふたつ目の原則に導く。すなわち、文字に頼ってはならないということ〔不立文字《ふりゅうもんじ》〕。文字で書くことによって、空虚な単語――それは善くて解釈、悪ければ嘘言である――が、直接の経験に取って代わってしまう。まさに仏教の早い時代には、書かれ

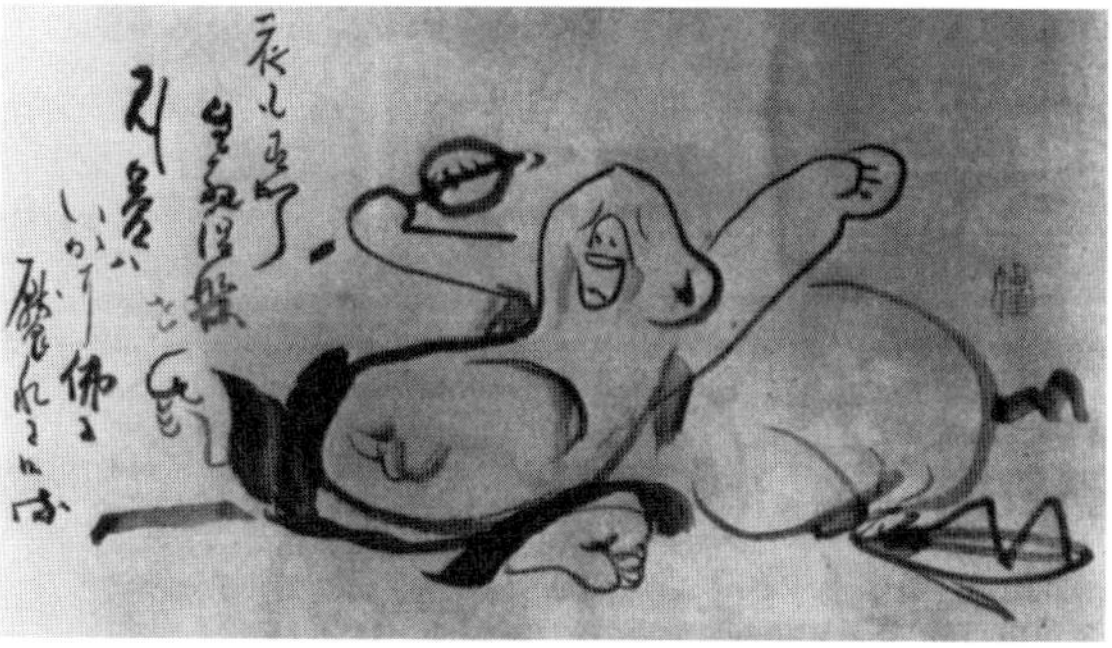

図26　「ブッダにとりつかれた」夜の眠りからの突然の目覚め。禅師仙厓（1750–1837年）のこの絵もまた、禅の意味において、「ブッダ経験」の突然の道を主張し、学識は自己のさとりにとって助けになるより、むしろ邪魔になることを告げる。かたわらの仙厓自身による添え書きは、つぎのように語る。「わたしは夜通し、ニルヴァーナについて、サムサーラについて、思い悩みつづけた。そう、夢うつつになるまで、わたしは疲れはててしまった。疑いもなくわたしは、ブッダの囚われ人であった。」

たのではなく、語られたことばがより大きな信頼を得ていた。そして禅が究極的に、すべての文字を無意味と断じたのである。

三つ目の原則は、自分のこころに直接立ち向かうこと〔直《じき》指《し》人《にん》身《しん》〕。すべての二元論的思考は、袋小路におちいる。このことを禅師は、瞑想する弟子を矛盾するあるいはまったく無意味に聞こえる課題（公案）と対決させることによって示す。不合理は見かけである。すべては、あらゆる固定概念を超えたところでの、自分のこころにかかわっている。ここでいう「こころ」とは、考えでも、たましいでも、学問的に研究され得る心理でも、あるいはそれらに似たものでもない。この「こころ」を身をもって知ることが、禅の経験である。

このようにして、最後の、そして根底とされる原則、すなわち、自分の性質を透徹して観察することによるブッダのこころの獲得に至る〔見《けん》性《しょう》成《じょう》仏《ぶつ》〕。この「自分の性質」は、けっして知識の蓄積によってではなく、ただひとつの認識によってのみ把握され得るものである。その「自分の性質」とは、わたしたちの生涯で教育、経験、知識によってはぐくまれるものではなく、そのためにわたしたちの目がひらかれねばならない、生まれつきの、わたしたちのうちにある本質、ブッダの性質〔仏性、仏心〕なのである。

「さとり」への道

ブッダのこころに至る道とは何か。この問いに、禅に関するすぐれた文献のひとつ『無門関』は、つぎのようにこたえる。「大いなるダオ（道）は、門をもたない。その門に至る無限の道がある。」手段と目的を分かつかに見えた最初のセンテンスは、後半でがっかりさせる。しかしそれは、つづくセンテンスにおいて遠近法的に止揚される。禅は、さだめられた道を拒否し、各人の道を各人にゆだねるのだ。

これ以外にこたえのないことを知るには、この教えのはじまりを思い浮かべればよい。はじめのころ禅僧たちは、手本とすべき何ものもたず、ゆきあたりばったりの不確かさのなかを、すなわち一種の精神の錯乱のなかを手さぐりで、その錯乱する精神の向こうにある目的に向かって歩まねばならなかったのだ。今日の禅師は弟子に、さとりに至るには「意識の無い長い夜」のなかへ歩み入り、精神のいつわりの、おそらく病的な段階を経ねばならぬと教える。極端にいえば、生にあって死を克服せよ、というのである。

さとりの経験としてよく挙げられる例に、禅僧徳山《とくさん》に関する逸話がある。何年もつづいた修行のあとで彼は、ある夕方、師の竜潭《りょうたん》のかたわらに坐っていた。暗くなり、師は徳山に帰るようにうながした。弟子は出て行った。が、すぐに戻ってきた。すでにすっかり暗くなっていたのだ。竜潭はろうそくに火をつけた。しかし、徳山がそれを受け取ろうとしたとき、師は一気に吹き消した。闇と光、

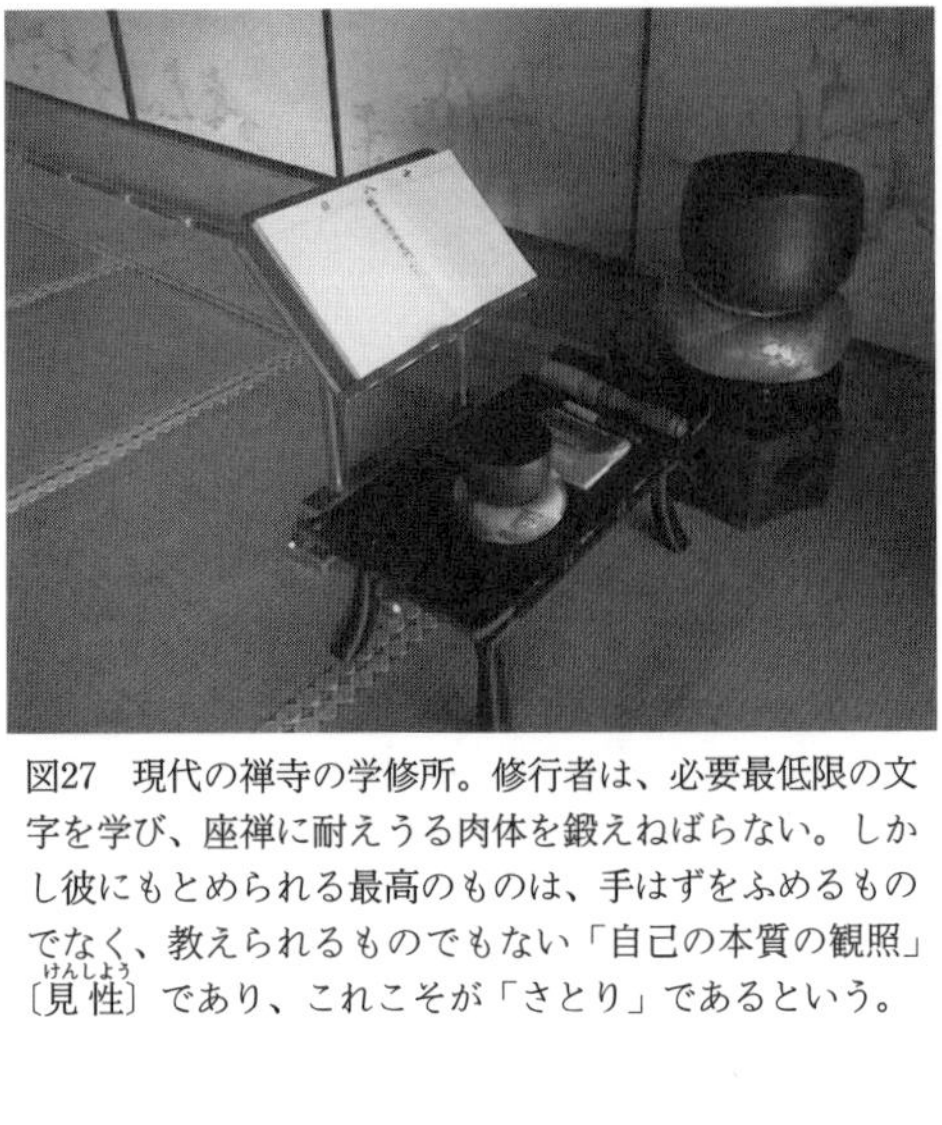

図27　現代の禅寺の学修所。修行者は、必要最低限の文字を学び、座禅に耐えうる肉体を鍛えねばならない。しかし彼にもとめられる最高のものは、手はずをふめるものでなく、教えられるものでもない「自己の本質の観照」〔見性《けんしょう》〕であり、これこそが「さとり」であるという。

暗さの原因と明るさの原因、その一瞬の経験は、徳山のさとりの体験になったというのである。
このようなことは、門外漢にとっては馬鹿ばかしい話に聞こえるかもしれない。しかし禅仏教徒にとっては、長い厳しい修行を経た者でなければ「さとり」を得ることはできないことの証明なのである。たしかに、「さとり」に至る道は無限にあり、その道は各人にゆだねられているのかもしれない。しかし今日には、弟子たちにとっての実践のヒントとなり得る、数世紀にわたる実際の経験が集積されている。また、弟子たちが無条件にそなえるべき前提も実証されている。そこにはたとえば、強い宗教的なあこがれ、あらゆる試練に耐える固い意志、自己を無にする覚悟などが挙げられている。

「わたしはブッダということばを聞きたくない。」

タン（唐）時代末の禅僧趙州《じょうしゅう》。

中国の禅

すでに触れたように、九世紀に中国の仏教は強い弾圧を受けた。その際、禅宗がこうむった損害は、他の教団にくらべてはるかに小さいものであった。それは、一部には禅僧たちの強靭な精神力に負うところもあるであろう。しかしその一部は、禅宗の僧院が経済的に自立していたという事実にもよる。乞食《こつじき》僧としての生き方をいとい、彼らは自分たちで田畑を耕していたのだ。それゆえ禅宗は、タン（唐）時代のおわりころには、仏教におけるもっとも重要な地位を獲得していた（それは、のちにアミターバ仏教によって凌駕《りょうが》された）。一二世紀から一三世紀にかけて、弟子たちに瞑想の課題を与える先輩禅師の「さとり」の経験を基にした、例のなぞめいた箴言《しんげん》〔公案《クンガン》〕をあつめた浩瀚《こうかん》な書物もつぎつぎとつくられた。しかしミン（明）朝の勃興は、中国における禅宗を衰退させていった。今日にはふたつの施設、すなわちルオヤン（洛陽）近くのシャオリン（少林）僧院とチェンドゥ（成都）

図28　中国の僧院シャオリン（少林）の若者たち。今日この地は観光の名所となり、5〜6世紀の禅僧によって開発されたクン-フー（拳法）は、数多くの娯楽映画であまりにも有名になり、たんなる格闘技をして誤解されている。禅仏教の創始者ダルマ（ボディダルマ、62頁3章13図、195頁8章16図および204頁8章24図参照）は、伝説によると、このシャオリンの僧院に9年間滞在し、その間中断することなく彼の僧坊の壁に向かって坐し、瞑想をつづけたという。

の寺院が、禅宗の重要な中心としてのこっている〔図28〕。

日本の禅

禅は、一二世紀に日本に伝わった。伝えたのは、中国で瞑想をならった天台の僧栄西《えいさい》（一一四一―一二一五）であった。かつての僧院の仲間に容れられなかった彼は、鎌倉に移り、そこでまもなく武士たちの注目をあつめた。すなわち禅の瞑想の修業は、散漫になりやすい精神をひとつにし、興奮を鎮めるに役立つとされたのである。武士たちは、集中の能力を高め、死をもおそれぬ落ち着きをやしなった。またそれを手段として、弓術や剣術といった、本来仏教とは相容れぬ技術をも完成させたのであった。

栄西の禅は臨済《りんざい》宗と呼ばれ、のちに同じく中国で学んだ禅僧道元《どうげん》（一二〇〇―一二五三）が、それに対置する曹洞《そうとう》宗を設立した。多くの支持者をあつめる臨済宗の厳しい瞑想の実践を見てみよう。まず坐禅、これは両脚を交差させて坐し、精神を集中させるもので、数時間つづけられる。つづいて参禅、これは師との瞑想における経験についての話し合いである。ここでは、本来ことばにされ得ない経験をことばにすることがもとめられる。多くの新参者にとってこの対決は、おそろしいものである。しかしおそれやあせりを示せば、先輩たちのあざけりを覚悟しなければならない。これらの厳しい修行は、意識をぬぐい去り、それを超えたところでのこころの真の性質に目をひらくことを目的としている。

年に一度、十二月のはじめ、臨済宗の僧には、特別に厳しい修行がまっている。一週間の毎日の坐禅である。わずかな動きも杖の殴打で警告され、考えも意識も締め出される。ベッドで寝ることはゆるされず、許されるのはただ一日数時間の蓮華座での眠りである。このような厳しい修行は、さとりがただほんのわずかなエリートだけに到達され得ることを改めて教える。

図29　精神集中の際の禅僧。

それでも栄西は、禅は仏教のみに限られるのではなく、実際はあらゆる宗教の核であるという。西洋人には驚異に聞こえるこの確信も、おどろくにはあたらない。なぜならそれは、禅がすべての存在する教えを拒否するという事実の徹底した反転だからである。

禅は、芸術や文化の上に強い影響を及ぼしてきた。そして現在もなお及ぼしている。それは、東アジアの絵画や書のみならず、茶道や生け花、あるいは造園術にも見ることができる。それらの所作あるいは創作活動から、さとりに至るためのインスピレーションが生まれる。しかし数世紀のあいだに、それらは型にはまって繊細化され、かつての活力に満ちた、まさに伝達されえない経験は、次第に後方に押しやられていった。偉大な禅師白隠《はくいん》慧鶴《えかく》〔一六八五―一七六八〕――自身画家として、書家として、あるいはまた詩人として高い名声を得ていた――は、それを指摘する。彼からは、もっとも有名な公案のひとつがのこされている。それを紹介して、この章を閉じることにする。

「ひとつの手が鳴るのをおまえは聞くか。」

付 禅と芸術

禅の美学 禅の教えは、たとえば花の生け方、あるいは庭〔図30〕の作り方の約束ごとなど、さまざまな芸術形式のなかに表現を見つけてきた。あらゆる塊、面、コンポジションの「内的なるもの」を「外的価値」として目に見えるようにすること、それが禅的日本美学の本質である。たとえば、西洋人にはときとしてとっつきにくく思える儀式ばった茶席が、その美学のあらわれである。そこでは、その参加者に厳格な約束ごとが課せられ、その約束ごとを存在するもの――たとえそれが肌理《きめ》の粗い無骨な土の茶碗であっても――すべてがもつ、その独自の価値に対する畏敬として伝えようとするのである。創った人間も観る人間も、自身のうちにあるブッダの性質〔仏性、仏心〕を直観する感覚を、たとえ「外的なるもの」あるいは「内なるもの」であるにしろ、目覚めさせなければならないというのである。

禅話 すべての二元論を打ち砕かねばならない、あのなぞめいた公案についてはすでに触れた。この公案と並んで禅の教えは、民話、箴言、詩、それに問いと答えからなる対話の莫大なコレクションをのこしている。それらはすべて、弟子に行くべき方向を示すために使われたのである。たとえば、

図30　禅寺の庭

ある僧が禅師趙州にいった。「わたしはわたしがもつすべてのものを投げ棄てました。もはやわたしの意識のうちには何ものこっていません。どう思われますか。」趙州はこたえた。「それも棄てなさい。」僧は理解できずくり返した。「いいましたとおり、もう何ものこっておりません。何をこのうえ棄てろとおっしゃるのですか。」趙州はこたえた。「ならばおまえは、それをもちつづけなければならない。」

意味。その僧は、自分の精神的成果を自慢するがゆえに、まちがった道にいる。彼は、その誇りから離れなければならない。それが理解できなければ彼は、これからも重荷を背負って生きてゆかなければならない。

一匹のサルが、月がうつる水の上に垂れる木の枝に片方の手でつかまっている。もう一方の手で「いつまでも、死ぬまで、水のなかの月を取ろうとする。放せば深い淵に落ちる。光は清く万方を照らす。」

その意味。ひとは真理を自分から離れて存在するものとしてもとめる限り、それをつかむことはできない。認識は、

図31　1匹のサルが、水のなかの、うつっているに過ぎない月を取ろうとする。禅師白隠慧鶴の墨画。

真理がいまここにあると分かったとき、そこに生まれる。
最後に解釈のやさしい詩を、

「松は千年のいのちをもつ、
朝顔は一日だけ咲く、
しかし両者は、それぞれの運命をまっとうする」

九　仏教の造形

初期の建築

ストゥーパ

伝説によると、ブッダの遺灰は聖遺物争いのあと、八つの丘の下に埋められたという（34頁参照）。しかしアショーカ王（在位紀元前二六八年ころ―二三二年）は、この八つの丘のうち七つを掘り返し、そのブッダの遺灰をさらに分かち、それらを納めるために八万四千のストゥーパを建てたという（76頁以下参照）。しかし八とか八万四千という数字は象徴的で、この報告に疑いをいだかせる。いずれにしても、マウリア朝時代の墓廟建造物からは今日ほとんど何の痕跡をのこされておらず、その実情を知ることはできない。もしそれらが、日干しレンガを積み上げた塚であったのなら、二〇〇〇年を超える年月に耐えることはできなかったであろう。特別に重要な地には、あるいはより堅牢な材料が使われることもあったかもしれない。しかしそこでも、絶えることなくつづいた巡礼者の流れが、けっきょくは建て増しなどで原初の記念物を消してしまったであろう。

ただ今日なお北インドに見ることのできるふたつのストゥーパは、興味深いヒントを与えてくれる。そのひとつは、ブッダの誕生の地ルンビニーからあまり遠くないピプラーヴァで発見された、円形の平面の上の平らなレンガ建造物であり、その内部からは、「ブッダ」の文字のある聖遺物容器が発見されている。そしてその容器は、文字の形からアショーカ王の時代以前のものであることが知られるのである。ふたつ目の例は、第二回公会議の開催地と伝えられるヴァイシャーリー（42頁参照）にのこるストゥーパである〔図1〕。これは、何度も拡張されてはいるが、それでも考古学者はその中心部に、かつて聖遺物を掘り出したあとを示す陥没穴を認めた。

図1　ヴァイシャーリー（北インド）のストゥーパとアショーカ王の円柱。

アショーカ王のストゥーパは、ブッダゆかりの地だけでなく、交易路の重要な交差点、さらには、ブッダとは関係のない、すでにあった民間信仰の聖地にも築かれていた。そのことから、古い信仰の諸種の母神、鬼神のヤクシャ〔夜叉〕あるいは蛇神（ナーガ）たちもまた、守護霊として仏教のなかに組み込まれ、やがて仏教美術のイコノグラフィーに取り入れられていったことは理解される（215頁図参照）。それに呼応するように、ストゥーパ内の聖遺物容器には、ブッダ（あるいは別の重要な聖人）の遺灰あるいは遺品だけでなく、やがて呪術的な意味をもつ品々もまた納められるようになった。

このような建造物は、墓標であると同時に、ニルヴァーナ、す

ハラッパー文化の遺跡以後から今日にのこされている最初のインド美術は、アショーカ王の時代のものである。なかでも知られているのは、王がアカメネス朝の理念にならって、国家としての教訓を刻んで建てた円柱である。柱頭には、蓮華、法輪（本来は日輪を意味する）、動物像など、仏教のシンボルが表わされている。

なわちことばでも形でも説明できない謎に満ちた救済の在り方（66頁以下参照）をも象徴していた。今日あるストゥーパをはじめて訪れた者は、ただちにこの抽象的な記念物が、まさに説明されえない何かを形にしようとしていると感じるに違いない。ストゥーパは、彫刻でも建築でもない。歴史の過去と未来が溶け合う、幾何学的創造物である。そのなかに入ることはできず、ひとは、ただ周囲をめぐり歩くだけである。太陽の運行にそったこの右回りのめぐり歩き（プラダクシナ）が、まさに供花とならぶ、ストゥーパへの本質的な儀礼なのである。

図2　豊饒の精霊あるいはその地に関係のある植物の妖精を意味するヤクシャを描く寺院のフリーズ。

よく知られたサーンチーの第一ストゥーパは、アショーカ王の時代の建物を——おそらく紀元前一五〇年以降に——その半径を二倍に拡張したものである〔図3〕。しかしそれは、なお初期のタイプを伝えている（216頁図参照）。本体は、もはやピプラーヴァの場合のように平らではなく、半球体（アンダ＝卵、「伏鉢」）に形づくられている。この半球体は宇宙の象徴であり、円形の平面図は法輪を象徴する。周囲をめぐることによってこの法輪は、世界軸のまわりを回転するのである。そしてその世界軸は、ストゥーパの中心をつらぬき、半球体のいただきで、幾重にもかさなる傘を載せる。陽の光の強いインドにあっては、傘をさしかけるのは貴人に対する最高の敬意である。またここでその傘を幾重にも重ねることは、

図3　サーンチー（中央インド）の第一ストゥーパ。紀元前3〜2世紀の原形に、後補がくわわる。豊富な浮き彫り彫刻で飾られた門（トーラナ）をもつ、仏教モニュメントのもっとも有名な遺品ひとつ。

段階的な瞑想の実践を象徴するとも解される。その傘蓋の下には方形の囲い（ハミルカー）があり、いくつかのストゥーパでは、ここに聖遺物が納められている。のちのネパールには、立方体のハミルカーの四面に目が描かれるという、奇妙なヴァリエイションが生まれる〔図5〕。ブッダの眼差しが、ストゥーパをめぐる信者たちにくまなくそそがれるというのである。

アンダ（伏鉢）は、円形をした基壇（メディ）の上に立ち上がる。この基壇の上に、二段目の周歩道がめぐる。（一段目の周歩道は、地平と同じ高さにある。）このふたつの周歩道は石の欄干《らんかん》でかこまれており、それが聖域を周囲の世界から隔絶する。入り口は、欄干の円形から突出した門から成り、教えに導かれてここに辿りついた巡礼者はこの門をくぐり、厳かな儀礼の場へと周歩道の一段目から二段目へと、地平を超えて高みへ、現象の世界から絶対者のもとへと昇ってゆくのである。このようにしてストゥーパは、目指す精神的上昇の象徴となるのである。東南アジアにおける後期の例では、本体はもはやひとつの塊ではなく、外からは見えない幾重にもかさなる囲壁は、それ自体がマンダラを形成し、巡礼者をさらなる深奥の教え、宇宙との一体化へと導く（149頁図参照）。

図4　奉納用小型ストゥーパ。粘板岩。ガンダーラ出土。紀元後3世紀頃。ガンダーラ地方の特徴である重々しく頂上を飾る傘蓋、アンダ（伏鉢）を載せる量感ゆたかな基壇をもつ。

図5　スワヤムブナト（ネパール）のストゥーパでは、アンダ（伏鉢）の上に載る方形のハミルカーは金色に塗られ、その四面に「すべてをみそなわす」ブッダの目が描かれる。両目のあいだの「一」を意味する文字は、救済へのたったひとつの真の道を表わす。

図６　アジャンター（中央インド）第26窟の三廊式チャイチャ広間。７世紀前半。身廊をめぐる柱列の奥には、かつてのストゥーパに代わって、巨大なブッダ像（240、241頁９章27図参照）をもつ祭壇が設けられている。すなわち本来は、ストゥーパの内部にいますブッダが、ここでは表に現われているのである。

チャイチャ

ストゥーパは、建築としての本来の使命を果たすものではなく、記念碑的な崇拝の対象物であった。それゆえストゥーパは、そのような礼拝の対象としてしばしばそれをとりかこみ保護する、より大きな建物のなかに納められた。その建物はチャイチャ（本来は「祠」の意）と呼ばれ、はじめのうちは木造の単純な円形建築であったが、やがてときおり、円形の前方に突き出た方形の部屋が付属するようになった。この円形と方形の結びつきは、やがてストゥーパをアプシス（半円形の後陣）に移し、周歩のために馬蹄形の柱廊がつくられた。

野外に独立する建物としてのチャイチャは、のちの時代のものしか知られていない。しかし初期建築の様子は、岩に彫りぬかれた、本来の木造建築の特徴を伝える模倣構造物に見ることができる。デカン地方はそのような岩窟建造物に適した地質であり、とくにボンベイの周囲には、紀元前二世紀以来、多くの岩窟仏教寺院が築かれた。バージャには、上で述べたアプシス形式のもっとも古いチャイチャがのこされている（紀元前五〇年頃）。しかしもっとも有名なのは、のちに彫刻と壁画で豪華に飾られたアジャンターの洞窟〔図6〕であろう。

ヴィハーラ

ストゥーパおよびチャイチャとならんで、初期の重要な仏教建築にヴィハーラ（「宿舎」の意）、すなわち僧院がある。すでにアショーカ王は、出家修行者のための数多くの宿舎を寄進したという。しかし、ストゥーパやチャイチャと同様、早い時代のヴィハーラはのこされていない。だが後代の施設は、何百年にわたって使われたひとつの型を示している。すなわち、方形あるいは円形の中庭をめぐって質素な規模と設備をもつ個室がならぶものである（115頁図参照）。この単純なパターンにやがて、広い集会所や食堂がくわわった。さらに、学修所、巡礼者宿泊所、作業所など、さまざまな役割をもつ建物が中庭をはさんで連ねられ、それぞれの中庭の中央部には礼拝所がもうけられ、奉納用小型ストゥーパ（217頁図参照）やブッダ像のための小部屋が用意された。

ストゥーパ、ダーガバ、パゴダ

教えの形象化

今日サーンチーに見ることのできるストゥーパ〔図3・7〕は、初期仏教の最高の目的をあざやかに形象化している。象徴化された世界の中心のまわりをめぐる儀礼は、何もさえぎるものもない、明るい日の光の下で行なわれるのだ。それは、ひとつには人間に、彼らを取り巻き、そのおきてに従わざるを得ない自然にみずからを対置する機会を与える。そしてふたつには、めぐり歩くことによって宇宙にすべてをゆだね、教えに帰依する自己の内面を観照する目をひらかせる。それは、守られてありたいという願いと、精神的に向上したいという要求をひとつにする。他方チャイチャは、同じ願いを岩のなかに彫りこんだ。この両者でもって、インド哲学の本源の姿、──「光のみちあふれる野」と「神秘の闇につつまれた洞窟」──は、最初の造形的表現、形象を得たのであった。

しかし初期の教えは、ただわずかのえらばれた人間のためにのみ、救済の道を示すものとされていた。同じように、象徴の造形を理解する洞察の力も、小さな仲間内の人間に限られていた。しかしやがて、具体的な形象への傾愛は生まれ、ついには、ストゥーパの欄干や門、あるいはチャイチャの巨大なファサードや広間の壁面に、ゆたかな仏教イコノグラフィーによるさまざまな図像が登場した。それは、個人による自己の救済からはなれ、彼岸の超越的な力にすべての人間の救済をゆだねる、これまでの章で見てきたヒーナヤーナからマハーヤーナへの教えの変化の反映でもあった。

ヒーナヤーナの造形

ヒーナヤーナの国々においても、いまやストゥーパの飾りにブッダの像が登場する。しかしここでの建築の様式は、それを飾る図像の象徴的性格とともに、なお長く伝統にしばられていた。ここでの具象と象徴の奇妙な結合は、ひとつには、哲学から宗教へという仏教自体の変化でもって、ふたつには、これらの地の交易相手でありつづけた南インドにおける様式や世界観の変化でもって説明されるのかもしれない。

図7　サーンチー（中央インド）の第三ストゥーパ。レンガで築かれた半球体（アンダ）は、石の柵（ヴェディカ）でかこまれているが、その入り口は、第一ストゥーパ（216頁9章3図参照）にくらべてはるかに質素で、ただ図をふくむメダイヨンでのみ飾られている。

図8　ポロンナールワ（スリ・ランカ）のアラハナ・パリヴァエ僧院内にある通称「白ダーゴバ」。12世紀。かつて粉砕した貝殻が塗られ乳白色を呈していた半円球の頂には、26段の傘蓋（チャットラ）が載る。内部には、聖遺物質のあったことが確認されている。

ストゥーパに原型をもつスリ・ランカのダーガバ（ダートゥ＝聖遺物、ガルバ＝室）は、一般にインドの手本より大きく、階段をもつ円形のテラスの上にそびえ立つ〔図8〕。ゆたかに彫刻で飾られた半円形の踏み台、いわゆる「月の石」（パティカ）〔図9〕のある四つの入り口の階段を昇ると、周歩道にいたる。ダーガバの本体からは、東西南北の四方に祭壇あるいはブッダ像を安置する部屋が突き出ており、巡礼者はそこで花を供える。高く伸び上がるどの伏鉢にも、「水泡」、「水滴」、「釣鐘」、あるいは「藁《わら》塚」を想わせる、調和をもって流れる輪郭線を与えようとする努力を見ることができる。

マハーヤーナの造形

スリ・ランカが四世紀まで、南インドのアーンドラ地方文化圏の影響を受けていたのに対し、仏教を伝えられたその他のアジアの国々は、その手本を主としてインドの北西部から受け取った。ここでは建築は、ヒーナヤーナの形やシンボルをマハーヤーナ

図9　スリ・ランカのダーガバの入り口に見られる「月の石」（パティカ）、すなわち、半円形をした踏み石。そこに描かれた動物、植物、炎などの連続紋は、悪で汚れた世界を象徴し、信者は、これを踏んでダーガバの内部、すなわち「さとり」への道へと歩をすすめる。

のそれへ、すなわち、円形あるいは半球体を方形や立方体に変えた。そこには、ひとつには建築プランの根底に瞑想の手がかりとなるべきマンダラの図形が明確にイメージされており、そしてふたつには、方形が円形よりもはるかに面や高さにおける拡大に適していることによる。要するに、いまや仏教を支配するにいたったマハーヤーナの教えは、一部のエリートではなく一般大衆に目を向け、仏教建築は、その教えが最高の権威であることを誇示するためにも、いやおうなしに世俗建築の上にそびえ立つことがもとめられたのである。

仏教美術の展開のなかで、画期をなしたのは紀元前後のクシャーナ朝の時代であった。この王朝の勢力範囲は、中央アジアの南部からインド中央部まで、すなわちアフガニスタンからビハール地方にまでひろがり、北西パキスタンのガンダーラと北インドのマトゥラーは、その文化の中心地であった。両者は、政治的にも諸権力の交差する地点を占めており、必然的に、当時代の諸文化の流れはここにあつまり、そしてここに、美術の新しい創造の力も湧き出たのであろう。

ガンダーラ

アレクサンドロス大王のアジア遠征のあとギリシア人によって支配され、クシャーナ朝の時代にはローマ帝国領とも交易のあったガンダーラでは、ストゥーパは、東西南北に階段をもつ方形のテラスの上にそびえていた。これは、中近東の建築様式から受け継いだ構想であった。メディ（基壇）は高く円筒形を成し、その壁面はローマの東部属州様式にならって文様化された樹木で分割され、それぞれの龕《がん》（ニッチ）にはブッダの像がすえられている（217頁上図参照）。ときにはいくつかの階層に分けられ、そこには浮き彫りでブッダの生涯や前生のものがたりが描かれていた。したがって、基壇からストゥーパの頂への道は、現象の世界から絶対者のもとへの上昇をいっそう明確に表わしていた。すでにこの「頂」は地上的なるものから超越していたが、さらにそこから建物の先端はより高く立ち上がり、いっそう数をました傘蓋で飾られていた。かつては本体を成していた半球体は、下部構造や先端部との釣り合いのなかでその本来の意味を弱め、全体は次第に高い塔の形へと近づいていった。

図10　高いフェルト帽をかぶったクシャーナ朝の貴人。砂岩彫刻。マトゥラー（北インド）出土。クシャーナ王朝は、紀元後1–2世紀の中央アジアにおける民族移動のなかで、アフガニスタン、北西インドに勢力をひろげていった。なかでも力があったのは、カニシカと呼ばれた王の時代であった。

かつてガンダーラ地方の首都ペシャーワルには、高さ約二〇〇メートルの塔型ストゥーパが建っていたという。それは東アジアで世界の不思議とされ、繰り返し複製された。そこでは、半球体（アンダ）は、下部構造と頂上飾りのあいだで小さな構造物へと変えられていた。この巨大建築は、クシャーナ朝の王カニシカによって、マハーヤーナの最初期の教典に従って建立されたという。

伏鉢から高塔へ

数世紀後のグプタ朝時代（紀元後三二〇―五～六世紀）に、「世界の山」の似像としての塔は、仏教聖域の中心的象徴へと成熟した。ブッダ・ガヤーのマハーボディ寺院（図11）では、半球体は階層に分割され、ピラミッドのように先端に向かって細くなり、いまやストゥーパ原型のおもかげはかすかに認められるにすぎない。このタイプはヒンドゥー教寺院に採用されていったが、またナーランダーやパハルプールに見られるように（122頁図参照）、パーラ朝時代（七七〇―一〇九五）の高層寺院建築にも受け継がれた。それらでは、十字形の平面図の上の階段状に立ち上がるテラスの上に、塔に似た聖殿を築き、その内陣にブッダ像を安置する。

図11　ブッダ・ガヤー（北インド）のマハーボディ寺院の中心をなす高さ55ｍのピラミット型塔。６世紀前半。

図12　ボロブドゥールの中心聖域（149頁６章20図参照）をかこむ同心円形テラスにならぶブッダ像と鐘型ストゥーパ。

図13　ギャンツェ（中央チベット）のパルコール・チョエデ僧院のクンブム・チョルテン。1440年。ボロブドゥールと同様、このチョルテン（ストゥーパのチベット型変形）もまた、三次元のマンダラとして構想されている。巡礼者は、周囲をめぐりながら次第に高みへと昇り、それぞれの階で新しい礼拝所と神々の像に出会う。頂は、絶対者アーディブッダを象徴する。

聖域中心部の丘の上にさまざまな建造物を築く高層寺院形式は、ビルマからインドネシアにかけての仏教建築に影響を与えた。このような展開の頂点に立つのが、マンダラ図形を平面図とする九世紀ジャワのボロブドゥール〔図12〕である〔149頁図参照〕。浮き彫りで飾られた回廊のめぐる下層のテラスの上には、中央に高く聖殿がそびえ立ち、そのふもとに無数の小さなストゥーパが同心円を成して並び立つ〔図12〕。

中国と日本の塔

南アジアや東南アジアでは、インドの手本が次つぎと伝えられ、ひとつのところでつくられた建築が、さらにその隣国の建築の性格を決めた。それに対し中国では、建築家は、手本となるべきモデルを自分の目で確かめることができなかった。すなわち、今日見ることのできる遺構から判断すると、文化を中継した中央アジアで築かれたのは、もっぱら岩窟寺院であり、したがって中国の建築家は、野外に建つべき仏教建築に関する情報を——土着の建築とならんで——ただインドからの伝聞や文献、あるいはせいぜい素描、あるいは小さな奉納物にもとめるしかなかった。しかも、このような状況の下で生まれた初期の例は、今日ただ断片的にしか知られていない。九世紀における仏教弾圧の波は、ほとんどの仏教建築を破壊したからである（193頁参照）。それでも、今日見ることのできるのちの時代のパゴダ（多重仏塔）には、――たとえ一部にしろ、そしてわずかにしろ――インドの高塔式ストゥーパのおもかげが認められる。ここでは、本来の下部構造が次第に高く伸び上がり、多重に分割された階層はほとんど同じ大きさで、それでもわずかに上に向かって小さくなり、周囲をめぐる軒には、反りかえる屋根がひろがる。最上階の屋根からさらに立ち上がる先端部の下には、シンボルとしての小さな半球体（アンダ）がなおのこされる。

中国で好まれた多角形の平面図は、おそらく土着の物見やぐらに起源をもつのであろう。それは、朝鮮や日本にはほとんど伝えられていない。レンガと石で組み立てられ、釉をかけて焼いた屋根瓦や彩色された浮き彫りで飾られた中国の多重仏塔（パゴダ）は、日本では、質素で、見た目に軽快な木造建築に変わった。なかには九層にまで伸びる日本の塔は、中国の塔よりも高く、それでもすぐれた材質とすぐれた技術のおかげで、地震で倒れることもめったにない。

ストゥーパ、チャイチャ、パゴダは、すべての仏教国において、ブッダの偶像崇拝が浸透するにつれて、その本来の意義を失っていった。南および東南アジアでの高層寺院建築への変化は、すでにそのことを示唆していた。東アジアでは、その間に人びとの関心は、土着の世俗建築に起源をもつ、反りかえる棟端《むねはし》や重なり合う破風《はふ》をもつ、勾配の急な切妻《きりつま》屋根を載せる巨大な仏殿建築へと移っていった。このような儀礼空間と住居空間の隔たりをなくした大広間建築は、今日、僧院の中心的聖域を形づくっている。

ブッダ像の展開

ブッダの表現

七世紀の中国の巡礼僧シュアン－ツァン〔玄奘《げんじょう》〕は、そのインド旅行記〔『大唐西域記』〕のなかに奇妙な記録をのこしている。当時の王国の政府が置かれていた都市カウシャムビーについて次のように報告する。「この町には、ある宮殿の中央に約六〇尺の高さの僧院がそびえており、そこには白檀《びゃくだん》でつくられたひとつのブッダ像があり、それは石でつくられた天蓋に守られている。この像は、ウダヤナ王の作である。」このウダヤナとは、ブッダと同時代の人であり、まさにこの点に問題が隠されている。シュアン－ツァン〔玄奘〕が報告する像がじじつ早い時代のものであるならば、それはまったく特異な例外として何世紀ものあいだ、そのほかのブッダの非具象的表現とならんで存在していたことになる。

図14　空の玉座と足跡は、ブッダの聖なる現在を示唆する。このような「さとったひと」を具体的な形態で表わさない非具象的表現は、インド仏教美術の初期の特徴である。ちなみに、ここに描かれているのは、菩提樹下のブッダに対するマーラたちの攻撃の場面である。石灰岩。アマラーヴァティー出土。紀元後1–2世紀。

すなわち、今日にのこされ

図15　ブッダ・ガヤー（北インド）出土の初期ストゥーパの角柱の断片。紀元前2世紀。

図16　ジャータカ〔本性譚《ほんしようたん》〕の「5人の断食者のものがたり」の一場面。彩釉テラコッタ。パガン（ビルマ）出土。1270年頃。ジャータカは、歴史的ブッダの前世における地上での生活のものがたり。多くの場合、道徳的なこのものがたりは、信者たちにはわずかな示唆で全体が「よめる」ものであったから、ほんのつましい図像で表現された。ここでは、隠者の庵に坐すブッダが、まぼろしに教えられたことを、欲にかられていのちを失いそうになった4匹の動物たちに告げている。

ている古い時代の浮き彫り図——その最古の例は紀元前二世紀にさかのぼる——では、ブッダは具象像として表わされることなく、彼の現在はつねにシンボルで暗示されていた。たとえば、ブッダの誕生は「ハスの花」、王宮での青年時代は「空の玉座」〔図14〕、両親の家からの出立は「乗り手のない馬」、さとりは「菩提樹」、サールナートの園での最初の説法は「法輪」、ニルヴァーナに入ることは「ストゥーパ」でといったようにである。しばしばこの原則は、ジャータカ（パーリ語で「誕生のものがたり」の意）〔本生譚〕で、ブッダの前世での存在について報告される際にも、守られている〔図16〕。ブッダは、生前には崇拝されることを望まず、また入滅とともに、他の生あるものとは違って、完全に吹き消されたのである。図像に一種の霊的オーラを付与するこの厳しい抑制は、すなわちまったく消えてしまった、そして他とまったくくらべることのできないブッダの存在を如何に表現すべきか、そのディレンマに対するこたえであった。この特別な存在を目に見えるように表現することは、ブッダが救済の道の障害とした個人あるいは偶像崇拝の危険をはらんでいたのである。しかしけっきょくは、この危険からのがれることはできなかった。空の玉座のまわりを目に見える崇拝者たちがとりかこむのであれば、その玉座を神のような人間の像でうめる道は、もはやそれほど遠くないはずである。

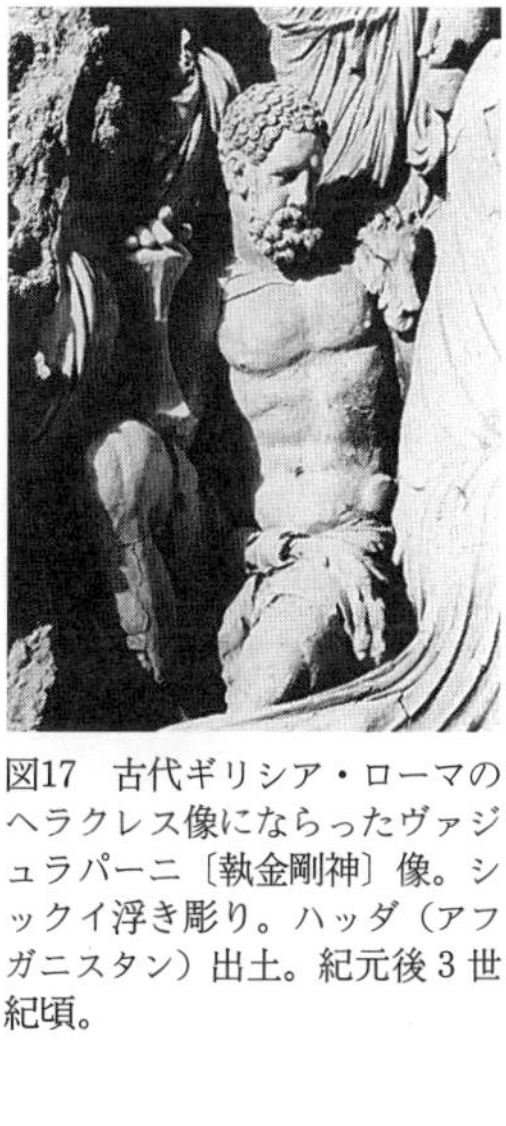
図17　古代ギリシア・ローマのヘラクレス像にならったヴァジュラパーニ〔執金剛神〕像。シックイ浮き彫り。ハッダ（アフガニスタン）出土。紀元後3世紀頃。

最初のブッダ像

ブッダの具象的な像が「いつ」、「どこ」で生まれたか、この問題は、研究者のあいだに議論をまきおこした。しかしその際、シュアン－ツァンが伝えるウダヤナの像が何らかの役割を演じることはなかった。論議のまとは、クシャーナ王朝の年代についての――おそらく解決不可能な――問題である。たとえば、この王朝三代目とされるカニシカ王の時代のはじまりの時期についても、紀元後七八年から二二五年のあいだで意見が分かれるのである。最初のブッダ像が生まれた地としては、クシャーナ王国の文化のふたつの中心地ガンダーラとマトゥラーが挙げられてきた。決定的な刺激は西から来たとされ、その美術にヘレニズムあるいは属州ローマ様式の特徴が見られるガンダーラが、長いあいだ有力視されてきた〔図17〕。そしてその西方からの刺激は、インダス川にまで到達したヘレニズム時代のギリシア人にまでさかのぼるとされた。しかし、アポロの顔つきとローマ皇帝のポーズをもつガンダーラのブッダは、むしろ広い世界に目をひらいたクシャーナ王朝の開放性を示唆するのであろう。

今日の研究はむしろ、最初のブッダ像はマトゥラーで生まれたのはないかとする。しかしそれとて、ガンダーラよりただわずかに早く、おそらく紀元後一世紀の後半ごろであったであろう〔図18〕。それらの像の銘文はブッダをボサツと呼んでおり、このことは、ボサツを「さとり」を前にしたひとりの人間とする早い時代の解釈、すなわちブッダの地上的存在と関係づけるものであり、そのような表現は、ヒーナヤーナの信奉者にも受け入れられたのであろう。そしてやがてマハーヤーナは、神のような崇拝にあたいする、すなわち聖像として表現されうるブッダという、新しい解釈を生み出した。しかしそのブッダの像は、けっして完全なものではないとみなされた。たしかにそれは瞑想実践の手がかりにはなり得るが、けっして最高の真理の再現ではなく、たんなるひと

図18　ブッダ坐像。マトゥラー（北インド）出土の砂岩彫刻。紀元後１世紀頃。獅子座に坐すブッダは、右手を上げ、守護を約束するアバヤ・ムドラー（241頁参照）を結ぶ。左にはヴァジュラパーニ〔金剛手《こんごうしゅ》〕、右にはパドマパーニ〔蓮華手《れんげしゅ》〕を従え、光輪のうしろには菩提樹が見える。その上方には天の花が散っている。当時の流行なのか、髪の毛は上に向かってくしけずられ、頭頂で渦巻状に巻き上げられている。

つの幻影にすぎないとみなされたのである。いずれにしても、このようにしてふたつのヤーナ〔乗り物〕は、ブッダを目に見える形で表現することをはじめた。その際注目すべきは、テラヴァーダ〔上座部〕の国々にあっては、ブッダはつねに人間的・地上的特徴をもつのに対し、マハーヤーナでは、世俗を超えた容貌が目ざされていることである。

以上のことから、なぜブッダが、まさにクシャーナ王国で、そしてマハーヤーナの運動が芽吹きはじめた時代に、はじめて具象像として表現されたのかの理由は説明される。この王朝は、彼らの故郷である中央アジアから、歴史的事件や人物に対する強い関心、権力誇示への強い意欲といったものを受け継いでいた。クシャーナ王朝は、世のなかのできごとは循環すると信じ、歴史に対して無関心であったインドにおいて現世的あるいは超越的イメージをみごとに具象化する能力をもつ美術家に出会ったのである。このようにして、まったく魅惑的な創造の力でもって、マトゥラーとガンダーラにおいて、前者ではインド的、後者ではより地中海的様式を用いて、ブッダ像のさまざまな表現が展開されたのである。これらから少し遅れて、すなわち二—三世紀に、サータヴァーハナ王朝支配下の中央インドのアマラーヴァティーにおいても、独自の様式をもつブッダ像が生まれた。

ブッダ像の様式

ガンダーラの力強いブッダのイメージは、インド国内には浸透しなかった。しかしそれは、そのゆたかな物語性をもつ演劇的性格とともに、中央アジアの手本となった。そしてその余波は、独自の芸術観をもつ中国で消えた。ここ中国では、七世紀、すなわちタン〔唐〕の時代に、仏教美術の最盛期をむかえ、その影響は、その後二、三百年のあいだに、東アジアのマハーヤーナの国々全域におよんだ。この中国からの影響からはなれ、独立した創造の傑出した例に、九世紀にはじまる日本の木造彫刻がある。

インド自身は、アマラーヴァティーの、いやそれ以上にマトゥラーのやさしく柔らかな造形から出発した。ここでは紙数の関係から、それら様式の詳細な分析は断念しなければならない。それでもマトゥラーのブッダ像は、原タイプとして特別の考察にあたいする。出発点は、はじめは非仏教的なダイモン（鬼神）、アショーカ王の時代にストゥーパの門番にされたヤークシャ〔夜叉〕であった（214頁参照）。その門番として正面を向いた姿勢は、アジアのほとんどのブッダ像に受け継がれた。皮膚は、液体を満たしたように張り詰め、それは像に植物的な力強さ——しかしけっして体育者の力強さではない——を与えている。このことで、ひとつの（西洋人には女性と見える）像において、男性と女性の対照性、いや相反するものとしての対極性を普遍的に止揚するという後代の仏教全体の努力が先取りされている。マトゥラーのおそらく最大の業績は、多くの像を詰め込んだ、あたかもホロール・ヴァクイ（空白恐怖）におそわれたかのような浮き彫り図からの離反であろう。ブッダがシンボルで現われていた早い時代のにぎやかな浮き彫り図（たとえば227頁図参照）は、逆に、その場面のゆたかな内容を凝縮して

図19　ブッダ立像。タン（唐）時代の石灰岩彫刻。7–8 世紀。

伝えるために象徴的性格をそなえた独立の丸彫り像に方向を転じたのである。同時にまた、すべての努力は、この世の外形にあの世のオーラを与えること、すなわち現世的なブッダの姿に、伝承にしたがって超越的に際立たせる三二の大きな〔三十二相〕、そして八〇の小さな特徴〔八十種好〕（ラクシャニャ）をそなえさせることに集中した。その大きな特徴のひとつとして、立てば腕は膝までとどいた。肩は広くて腰は細く、その身体のプロポーションは完全であった。滑らかな皮膚の下には、いかなる腱も血脈も見えず、丸みをおびた豊満な体躯は、プラーナ、すなわち規則正しく静かに流れる瞑想者の気息で満ちていた。耳たぶは、――今日なお幼いときから重い耳飾りをぶらさげるインドの女性たちに見られるように――長くたれさがっていた。しかし、かつては王侯貴族だけのものであったこの装身具をシッダルタ・ガウタマは、両親の家を離れ、遍歴の苦行者になったときはずした。そのとき彼は髪を切り、以後は二寸以上に伸ばすことなく、多くの像では、小さな巻き毛に縮らせた。光背、光輪、そして金色の肌は、知恵と善意を具現化し、その光は、眉間のウルナ〔白毫《びゃくごう》〕から放たれた。つねに修行者の衣を身にまとうブッダの頭の上に盛り上がるウシュニーシャ〔肉髻《にくけい》〕（もとは苦行者のまげから生まれた）は、「さとった者」のしるしであった〔図20〕。

図20　ブッダの頭像。トムシュク（中央アジア）出土の彩色木彫。みじかい巻き毛の上には、「さとりの高み」（ウシュニーシャ）〔肉髻〕が載り、眉のあいだには「知恵の目」（ウルナ）〔白毫〕がある。ウシュニーシャ〔肉髻〕もウルナ〔白毫〕も、ブッダの超人間的性格を表わす三十二相、すなわち典型的ブッダ像の特性の一部である。

　このようにしてブッダのイメージは、グプタ時代（三二〇年―五～六世紀）に

図21　ブッダ坐像。サールナート（北インド）出土の砂岩彫刻。５世紀。グプタ様式の傑作のひとつであるこの像でブッダは、両手で法輪をつくり（ダルマチャクラ・ムドラー）、その表情は、自身の内面への深い観照を示す。素朴な身体表現をもつ約400年前のマトゥラーのブッダ像（９章18図　230頁参照）とくらべれば、この像の精神的深みは一目瞭然である。

まずマトゥラーにおいて完成され、そこからサールナート〔図21〕、アジャンター、エローラへと伝えられていった。このいまや規範となった繊細で高貴なブッダ像は、もはや観る者を見返すことなく、まぶたを下げ、たぐいない静けさでもって自身の内面を見つめる〔図21〕。精神の集中にあって近寄りがたく、世俗の対面者への唯一のメッセージとして、瞑想の道に従うよう告げている。

イコノグラフィーの上でも、また様式の上でも完成されたグプタ時代のブッダ像は、七世紀から八世紀にかけてアジアの全域に浸透し、仏教美術のひとつの、いや唯一の頂点に達した。しかしこの頂点への到達でもって、非創造的な、ただ繰りかえしの危険がやってきた。この危険は、すでにパーラ朝時代〔八〜一二世紀〕に表に現われ、やがて、たしかに興味深い地方的ヴァリエイションはあったけれど、全仏教文化圏をおおっていった。一五〇〇年ころ、創造性は枯渇《こかつ》した。チベットの大量生産は、――美術史的には――意味のない余響であった。しかしこのことは、当然のことながら、ブッダ像に美学ではなく、瞑想実践の手ががりをもとめる信者にとっては、どうでもよいことであった。

さまざまなブッダ像

しかし、寛容な仏教の教説がさまざまな解釈を生んだように、ブッダ像にもまた、つねに新しい解釈や特異な形を生む余地がのこされていた。たとえばパーラ朝時代のインドに、そして少しおくれて東アジアで、ブッダはしばしば、以前はボサツだけに限られていた王侯の装身具をつけて現われた。このような構想は、すでに三世紀ころから生まれていた「世界統治者としてのブッダ」〔転輪聖王〕という興味深い思想と関連をもつのかも知れない。また同じパーラ朝時代には、インダス川上流のダレルでは、当時の人びとが世界の奇跡とみなした巨大な像がつくられた。そしてこれにならって、たとえばアフガニスタンでは、バーミヤンの高さ三五メートルおよび五三メートル（三〜七世紀）、中国ではレシャン（楽山）の高さ七一メートルのブッダ像（七一九―八〇三年）がつくられた。日本からはいくつかの巨大なブロンズ像が知られており〔図22〕、そのなかには、職人しごとの最高の業績、八回目の鋳造テストではじめて成功した東大寺の高さ一六メートルのヴァイローチャナ〔毘盧舎那〕像（七五〇年ころ）がある。

横たわるブッダは、スリ・ランカで好まれたヴァリエイションであった〔図23〕。この高貴な人間の見た目に静かな姿勢は、彼の平和な入滅（パリニルヴァーナ）、すなわちブッダがヒーナヤーナの信者に示す最後の大切な瞬間を表わしている。

ガンダーラ、中央アジア、中国、タイには、ブッダの地上的存在からのもうひとつの離脱が、美術家の課題とされた。すなわち、「さとり」に先立つ苦行の姿である。それらの像は、衝撃的な迫真性で観る者を圧倒する（27頁図参照）。同じく印象深いものに、カンボジアのクメール美術の傑作、バイヨンの巨大な頭像がある（91頁18

図参照)。ここでは、ブッダの像が王の理想像と溶け合っている。タントラが、いまや最高の世界原理とされたブッダをたったひとつのシンボル、たとえばひとつの文字に還元し、源泉に立ち戻ったと主張したように、中国の禅仏教徒もまた、もう一方の極端に達した。すなわち彼らは、ブッダをあらゆる超越的な標識から解放された歴史上の人物として表わし、それを何のためらいもなく、手ずから引き裂いて見せた(203頁以下参照)。

図22　鎌倉の巨大仏像。ブロンズ。1252年。細部を別々に鋳造し現場で組み立てられたこの像の高さは11ｍを超え、重さは約100トンに達するという。

図23　パリニルヴァーナ、すなわちこの世からニルヴァーナに向かうブッダ。ポロンナールルワ(スリ・ランカ)の磨崖彫刻。長さ14ｍ。12世紀。岩の枕の凹みや眉毛の線など、巨大な像に繊細な表現を見ることができる。

付 ポーズとジェスチャー

アジアの美術においては、ブッダは正面を向き、左右対称の構図で表わされる。ただボサツとしてのシッダルタ・ガウタマに関する場面では、ときおり彼は、観る者ではなく、ともに表わされる者たちの方へ視線を向ける。ストゥーパの基台部や集会堂の壁面を飾るものがたりを描く浮き彫り〔図24〕や絵画は、より低い実在段階、すなわちより地上的な場面を、より写実的な様式でもって描く。すなわちそれらは、信者に容易に理解される具体的な造形言語でもって、シャカムニのこの地上でのあるいは前世での活躍を思い出させ、そのことによって彼らをもっとも聖なる世界へと導き、最高の瞑想の対象に出会う準備をさせるのである。このような浮き彫りや絵画とは対照的に、時空を超えた存在とされる礼拝像にあっては、観る者は、ただ限られた者、すなわち秘儀を伝授された者にだけその内容を——そして感情をも——伝えることのできる、象徴的な造形言語と結ばれる。

図24　パハルプール（バングラデシュ）の僧院にのこるテラコッタ浮き彫り。８世紀。

そしてこの象徴的造形言語に属するのが、——インドの舞踊においてその表現手段として完成された——立つ（スターナ）あるいは坐る（アーサナ）身体の姿勢や腕（ハスタ）や手（ムドラー）の動きである。仏教彫刻の領域では、このようなポーズやジェスチャーは、ガンダーラで準備され、グプタ時代の晩期に公に認められ、やがて全仏教文化圏に受け継がれていった。

ヒーナヤーナは、これら象徴言語のただ一部だけを採用し、それをブッダの行為、とくに歴史的な出来事（たとえば、最初の説法、ニルヴァーナ入り）を暗示するために用いる。マハーヤーナそしてよりいっそう多くタントラでは、それらシンボルを個々のブッダやその他の超越的な存在を区別するために使う。たとえば、右手を下に向けるしぐさ（ブーミスパルシャ・ムドラー）〔触地印〕は、ヒーナヤーナでは「大地」への呼びかけを示す。ブッダが菩提樹の下でダイモンのマーラに、だれかお前の正直さと勇気を証明できるものがいるかとせまられたとき、ブッダは「大地」を証人として呼び、悪魔を退散させた。マハーヤーナでは同じしぐさが、（大地と同じように）不動の性格をもつアクショーブヤ・ブッダ〔阿閦〕を示す（144・179頁図参照）。この性格を強調するためにアクショーブヤは、不動のさらなる象徴としてダイヤモンドの武器ヴァジュラ〔金剛杵〕を右手にもち、彼の玉座には象が登場する。

このような持ち物や象徴の動物は、信者に限りない連想をいだかせ、礼拝像への理解をたすける。タントラ仏教では、偶像が万能を示唆するために多くの頭部や多くの腕をもつことがある。すなわち、それらの多くの手が、その偶像のさまざまな特性や働きをいっそう明確にするために、各種のシンボルをもち、あるいはしぐさをするのである（174頁図参照）。彩色のある造形の際には、――絵画だけでなく、ほとんどの彫刻が彩色されていた――それぞれの色はさらに理解の手助けとなる。たとえばアミターバ〔阿弥陀〕は朱色に塗られるが、その朱色は、このブッダをその色以外で

図25　蛇の王ムカリンガに守られるブッダ。ロッブリー（タイ）出土の砂岩彫刻。13世紀。

はほとんど違いのない、ただ金色の肌をもつシッダルタ・ガウタマと区別する。

ブッダのつく玉座によっても、その時どきに意図された状況が示唆される。インドでしばしば目にする獅子の玉座は、支配者のシンボルとして、また最初の説法が獅子の吼え声とくらべられることから教えのしるしとして理解される。蓮華座はシッダルタの誕生を示し、さらには「清浄」を象徴する。多くの坐像でブッダの頭を守る七あるいは八の頭をもつ蛇は、「さとり」を得たブッダにマーラがおくった嵐から師を守ることを申し出た蛇の王ムカリンガを思い出させる〔図25〕。これら瞑想姿のブッダは、両脚を交差させて組む「蓮華坐り」〔結跏趺坐《けっかふざ》〕――「金剛坐」（ヴァジュラサーナ）とも呼ばれる――で表わされるのに対し、「ヨーロッパ式の坐り」〔倚坐〕（バドラサーナ）は、地上的生活へのブッダの積極的な参加を示す〔図26〕。マイトレーヤ〔弥勒〕もまた、ブッダと同じ姿勢で表わされる。両脚を交差しておれば、それはきたるべき時をじっと待つ未来のブッダの瞑想の姿と解釈される。しかし「ヨーロッパ式の坐り」は、ゆったりとみずからの仏性を省察するマイトレーヤを示す。もうひとつのくつろいだ坐りの姿勢、すなわち一方の足を膝で折って引き寄せ、他の足を地につける半跏坐（ラリタサーナ）は、その左右非対称性から、普通にはボサツに限られる。

図26　ヨーロッパ式に坐るブッダ。アジャンター（中央インド）第26窟の疑似ストゥーパ正面の浮き彫り（９章６図　218頁参照）。７世紀前半。

横臥するブッダ像は、ポーズやジェスチャーは細部までよみ解かれねばならないことをあらためて語る。ゆったりと横になるブッダは、つねに右脇を下にし、頭を北に向け、両脚を平行に重ねる。その下になる脚がわずかに前に押し出されていれば、それはブッダの入滅〔パーリニルヴァーナ〕を示す〔図27〕。

手のしぐさ（**印相**）

ヴィタルカ・ムドラー〔**省察印**《せいさつ》〕坐るあるいは立つブッダの印。アバヤ・ムドラーに似るが、指は軽く下方を指し、親指と人差し指が触れる。後代のイコノグラフィーでは、ときおり左手でつくられる。あるいは似たようなしぐさをする左手を下方に向ける。判断力および理性を象徴。

ブーミスパルシャ・ムドラー〔**触地印**《しょくち》、**降魔印**《ごうま》〕インド式坐りの際、左手を膝に、右手は下方に向け、人差し指で地に触れる。さとりのあとブッダが「大地」を証人として呼んだこと

図27　巨大なブッダ像

によるマーラの敗北の象徴。

ダルマチャクラ・ムドラー〔**説《せっ》法《ぽう》印**〕インド式あるいはヨーロッパ式に坐る、ときには立つブッダが、両手を胸の前で合わせ、左手の指を右の手のひらに当てる。多くのヴァリエイションがある。最初の説法〔初転法輪〕あるいは〔他のシンボルで暗示される〕シュラヴァスティーにおける奇跡を象徴。

ヴァラダ・ムドラー〔**与願《よがん》印**〕多くの場合立つブッダ。右腕を下方に向け、指を伸ばした手のひらを観る者に向ける。慈悲を象徴。

ディヤーナ・ムドラー（**またはサマディー・ムドラー**）〔**禅定《ぜんじょう》印**〕つねに瞑想の姿勢と結びつく。ひろげて重ね合わせた両手を膝に置く。さとりの瞬間、しかし普通には瞑想を象徴。日本の美術では、個々の指の位置にさまざまな意味が加えられる。

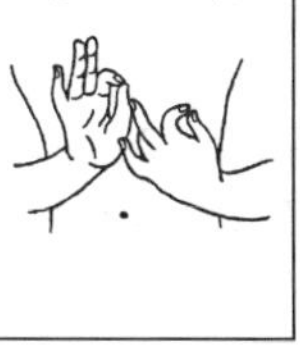

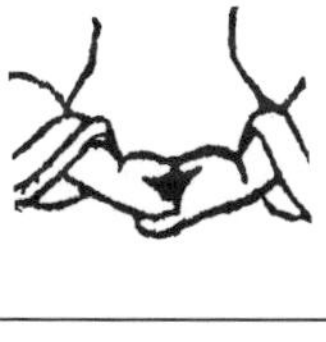

アバヤ・ムドラー〔**施無畏《せむい》印**〕多くは立つブッダ。右の前腕を高く上げ（タイ美術では左、あるいは両方）、開いた手のひらを観る者に向け、指は上方をさす。守護の約束、豪胆を象徴。

ブッダ以外の像

多様な登場人物とそのヒエラルヒー

仏教美術は、ヒーナヤーナの唯一のブッダ、新しい流派の大勢のブッダとならんで、早い時代の教えでは歴史上の人物を取りこみ、マハーヤーナやタントラでは宇宙論的思想を視覚化した、あるいはインド以外の文化圏では土着宗教の神々をもつつみこんだ、ほとんど展望できないまでの多様な登場人物による広大な図像プログラムをつくり上げた。ガンダーラの美術家たちは、それら登場人物のヒエラルヒーと役割を明確に定義づけるために、それぞれにふさわしい容貌、衣装、表現様式をえらび出した。これらは、仏教美術の原則として中央アジアを経てやがて中国にも伝えられたが、しかしそこでけっきょくは廃止された。他方マトゥラーの美術家は、超世俗的な人物像は理想化して、世俗的な人物像は写実的に表現すること

図28　死者の審判者ヤマ〔閻魔〕の従者のひとり、「死の踊り手」チティパティ。鍍銀ブロンズ。モンゴル。19世紀。

図29　中国の招福の神。西洋ではよくブッダと混同される。現代の釉彩陶器。

を目指した。この理想化と写実的表現は、ついには仏教美術のもっとも重要な基準となり、そしてこのことが、完成され規範とされるブッダのイメージがすでに定着したあとにも、さらに説得力のある、そして創意に富む「低い地位」の登場人物の像が――しかもそのタイプを絶えず増大させながら――つくられつづけたことの説明となるのである。それは、とりわけのちの中国の、そして質は異なるチベットの仏教美術が証明する。

ヒーナヤーナの美術が、その教えに相応して長いあいだ限られたテーマを扱い、後になってようやくダイモンや超越的存在をそのレパートリーにくわえていったのに対し、マハーヤーナやタントラの美術は、つねに新しく、あるものは宇宙論的思弁から創造した、またあるものは民間信仰から採用した、多種多様な登場人物をつくり出した。その際人びとはつねに、これら新しい登場人物を整然と階級づけること、厳格なヒエラルヒーに組み込むことに注意を払った。

> 仏教美術の作品は、美的観点を優先してつくられるものではない。そうではなくて、イコノグラフィーは、伝統的な教本にしたがって象徴的な意味をもつコンポジションと結びつけられている。したがって、たとえ作品が平凡であっても、また傑作であっても、それで作者が評価されることはない。それゆえインド美術史にあっては、作者名とか正確な制作年代が知られることはほとんどない。ただ、歴史の叙述が長い伝統をもっていた東アジアにおいては、たとえば日本の白隠や仙厓のように、美術家が名声を得ることがある。

ボサツ

もちろんヒエラルヒーの最高位を占めるのはブッダたちであり、そのすぐ下にボサツたちがつづいた。このボサツたちは、ブッダたちと同様、世俗を超え、性別を超えるものとして理想化された。しかしボサツは、地上での生活との結びつきを語る豪華な装身具を身につけ、ゆったりとした姿勢で表わされた。しばしばボサツは、身体を三度S字型にくねらせる、インド舞踊でトリバンガと呼ばれるポーズをとる。この姿勢は、とりわけふたりのボサツがひとりのブッダの両側に立ち、眼差しを本来の礼拝像である中央のブッダに向けるとき、好んで用いられた。すなわち、左側のボサツは左に、右側のボサツは右に、トリバンガの姿勢で腰を振り出すのである。この場合、ボサツは随伴者として理解されている。しかしマハーヤーナは、彼らをも直接の救済者として崇拝するのであるから、けっきょく彼ら自身が礼拝像の中心になった。このことはとりわけ、中国の民間仏教でブダイ〔布袋〕と呼ばれた笑う福の神に姿を変えたマイトレーヤ〔弥勒〕（ちなみに、この腹のふくらんだ神は西洋ではよくブッダと混合される）（242頁図参照）について、さらにはマンジュシュリー〔文殊〕、ターラー〔多羅〕（121頁図参照）、プラジュニャーパーラミター〔般若波羅蜜〕（111頁図10参照）、そしてアヴァローキテーシュヴァラ〔観音〕などのボサツについていえる。

アヴァローキテーシュヴァラ〔観音〕は、しばしば十一の頭部をもって表わされる（174頁図参照）。ヒンドゥー教的タントラの影響を示す特徴である。このボサツ（中国では「クワンイン」、日本では「クワンノン」と呼ばれる）が大いにもてはやされたことは、それが一三〇を越える図像的ヴァリエイションをもつことでも知れる。しかもこのボサツには、つねに新しい使命がくわえられてきた。たとえばボサツは、間違った信仰にある者を正しい道に導くために、他の宗教の神として現われる。チベットでは、国の保護者とされる。この多岐にわたる他との同化は、一方ではアヴァローキテーシュヴァラをヒンドゥー教の神シヴァと混合させ、けっきょくその信者をヒンドゥー教の神にうばわれてしまうという結果を生んだ。

明王、天、羅漢、高僧

ボサツが最高の存在であるブッダの優しさの側面を代表し、救済を使命とするのに対し、ヴィドヤーラージャ「知恵の王」〔明王〕は、怒りの要素を具現化する〔図30〕。同じように、もともとヒンドゥー教思想の所産であり、

図30 「神秘の知恵の王」のひとり不動（197頁8章19図参照）。彩色木彫。12世紀。このような王は5人おり、彼らは、神秘の知恵の5人のブッダが、憤怒の姿で、躊躇する者、迷いにある者たちを救済の道に強いるため、仮に現われたのである。

後代にはじめて仏教の精神世界、そして造形世界に取り込まれたこの「知恵の王」たちは、さまざまな二極性の合一、すなわちタントラ仏教の最高の真理をもとめる典型的な努力を具現化したものでもある。なにごとも、そしてだれしも、ただ善、あるいはただ悪であることはできない。実際にはただ中道があるのみ、「これでもなくあれでもない」なかでの解決というのである。

十二の方位の神〔十二天〕でもって、ヒエラルヒーは、まったく異なる階層に入る。というのは、この神々は

図31　聖なる交合（ヤブ・ユン）にあるアーディブッダ〔本初仏〕のサマンタバードラとそのパートナー、サマンタバードラー。ある現代タンカの中心部。ラダック（北西インド）。

サムサーラ〔輪廻〕に属する存在だからである。彼らは、長い、しかしけっして永遠ではない生を生き、そして彼らには、さしあたってはニルヴァーナも約束されていない。この最高の目的に到達するために彼らは、地上での生をおくり、その際生の苦しみを経験しなければならない。

つづく階層には、「四人の天の見張り人」（ロカパーラ、あるいは「天の王」デーヴァラージャとも呼ばれる）、さらには、「天の門の番人」（ドヴァーラパーラ）、そしてさまざまな来歴をもつありとあらゆる神々やダイモンたちがくる。彼らはみな、右に向かって突撃する攻撃的な身の構えをし、手にしゃれこうべ、あるいは酒を満たした頭蓋骨の杯をもち、怒りで鼻を鳴らしながら小さくて不恰好な邪鬼を踏みつける、脅迫の態度を示すことを特徴とする。ヒンドゥー教に起源をもち、タントラ仏教に取り入れられたこれら恐ろしいものたちの呪術の力は、古い教えの苦しみの因、邪鬼で擬人化された三つの害毒、むさぼり、いかり、おろかさに向けられている。

これら低い位の神々やダイモンの下に、まだ「さとり」に至らぬすべての人間がくる。しかしこの認識の最高の段階（さとり）に達したもの、それはヒーナヤーナではアルハト（「聖者」、「賢者」の意）〔羅漢〕として神々の上、ブッダの横に席を与えられる。他方マハーヤーナでは、彼らの位置はボサツの下である。仏弟子や高僧の肖像、すなわち動きや表情ではまだ地上的、しかしそのオーラではすでに世俗を超える人間を造形しようとする芸術の挑戦は、仏教の後期における彫刻と絵画の大いなる傑作を生み出した。

チベットのヤブ・ユン像

最後に、チベット語で「ヤブ・ユン」と呼ばれる、二極性の止揚を象徴的に肉体の合一で表わす、タントラの地上的、そして同時に超越的男女像について一言する。まさにこの愛の交歓のモティーフは、観る者をタントラ的思弁世界へと導く。しかし安易な西洋的受容では、ひとは容易に決定的な誤解へと迷い込む。準備のない者は、ここにしばしばただ性の交わりの「官能をそそる」表現のみを見、図像学的な内容のゆたかさを理解することはできない。

仏教の造形は、精神世界にその本来の場をもつ。そのような仏教美術は、多くの場合、ただそれらがつくられたその地においてのみ、真の作用を発揮する。作品からモティーフや場の効果を抜き取ってしまうことは、その意味を失わせることになる。このことは、仏教美術の人物像が、美術館のなかではしばしばその輝きと訴える力に欠ける理由を説明する。

十　西洋における仏教

出会いと誤解

一五〇五年ポルトガル人がはじめてスリ・ランカに上陸したとき、彼らはそこで未知の、しかし明らかに非常な力をもつひとつの宗教に出会った。それは彼らを不安にし、ただちに武器による無理やりの改宗へとつながった。この時代のキリスト教伝道者たちは、アジアに、彼らの教えにとって有利なイメージを何ひとつのこさなかった。彼らは、土着の文化に不信とまさにグロテスクな無理解な態度で接した。たとえば、一六世紀に最初のイエズス会士がアミダ仏教を知ったとき、彼らは故郷に、ルターの異端はすでに日本にまで進出していると書き送った。にもかかわらず、遠い世界からの不思議な報告は、ヨーロッパで教養ある人びとの関心を目覚めさせた。しかしその関心といえども、けっして学問的な資料研究をうながすものではなく、ただアジア旅行者の誤解を西洋式理論に結びつけるにすぎないものであった。ライプニツやヴォルテールといった人たちの中国に対する関心が、その例である。

> 「鉄の鳥が空を飛ぶとき、ブッダの教えは西へと向かい、最果ての国々に至る。」
>
> パドマサンバヴァ。八世紀。

このような非学問的な、あるいは前学問的な仏教受容のもっとも有名な代表者は、彼独自の世界観と同じもの

図１　アルトゥール・ショペンハウアー（1778–1860）は、彼の主著『意志と表象の世界』のなかでつぎのように述べる。「人生のおわりに知ること、それは、地上的幸福とは、けっきょくは水泡に帰す、あるいは幻想と認識させられるのだ、ということである。」これは、この哲学者の他のことばと同様、初期仏教の隠遁者の中心的思想と一致する。

を仏教に発見したと信じたドイツの哲学者アルトゥール・ショペンハウアー（一七八八―一八六〇）であった〔図１〕。たしかに、一見したところ両者の注目すべき一致は際立つ。たとえば、彼の否定的・悲観的世界観（ショペンハウアーは「生きることは厄介なことである」と書く）あるいは彼の有名な同情の倫理などである。哲学者は、この共通性を力をこめて宣伝し、仏教の道徳論をキリスト教のそれに優先させ、それでもって広い世間の視線をこの異邦の教えに向けた。

学問的先駆者たち

やがて、イギリスの植民地政府の役人たちは、現地言語の研究を奨励し、それにともなって、マハーヤーナのテクストを英語に翻訳することもはじまった。そして同じ世紀の後半にはじまった、パーリ語テクストを手がかりとしたブッダの生涯や初期の教えの研究は、逆にアジアの仏教研究にも影響を及ぼすような、強い刺激となった。このような学問的な仕事の先駆者は、イギリス人トマス・ウィリアムズ・リス・デイヴィズ（一八四三―一九二三）、そしてドイツ人ヘルマン・オルデンベルク（一八五四―一九二〇）とカール・オイゲン・ノイマン（一八六五―一九一五）たちであり、彼らは、真正のテクストを西洋の言語にみごとに翻訳した。リス・デイヴィズの指導の下で設立された「パーリ語テクスト協会」は、仏教のふるさとではまったく、あるいはほんのわずかな専門家のみに知られるテクストの翻訳書ならびに重要な注釈書の発行を今日までつづけている。

神智学協会

一八六五年スリ・ランカにおいて催された仏教徒とキリスト教徒の討論のアメリカ版報告書、この一冊の本がきっかけとなって一八七五年、妖しげな心霊学者ヘレーナ・ペトロヴナ・ブラヴァツキー（一八三一―一八九一、〔図2〕参照）と元参謀将校ヘンリー・スティール・オルコット（一八三二―一九〇七）は、ニューヨークに「神智学協会」を設立した。この協会――ところでルドルフ・シュタイナー（一八六一―一九二五）も一時的ではあるがこの協会に属していた――の目的は、ふたつあった。そのひとつは、偉大な宗教に共通する秘儀的・超自然的核心を探しあてること、そのふたつは、アジアの教えを西洋にひろめることであった。一八八一年オルコットは『仏教要理』（ドイツ語版は一九〇八年）を公刊し、一八九〇年スリ・ランカに「仏教神智学協会」を、そしてその翌年には友人アナーガリカ・ダルマパーラ（本名ダヴィド・ヘワヴィターン）〔図3〕とともに、ブッダ・ガヤーや他の荒廃したインドの仏跡を修復保存するための団体「マハーボーディ・ソサエティ（大菩提協会）」を設立した。この協会は、仏跡保存の面では大きな成果をあげたが、教えをインドで復活させるというもうひとつの目的には、達することができなかった。

図2　ヴィクトリア朝時代の神秘主義のなかでもっとも不思議な人物のひとりヘレーナ・ブラヴァツキー（1831-1891）。世界地図の上に、たとえばチベットのように、まだ「空白」が存在した19世紀に、このロシア生まれの女性は、7年をヒマーラヤのある賢者のもとで過ごし、この「修行時代」に怪しげな知識を身につけ、それをもとに神智学協会を創設したと主張した。

図3　スリ・ランカにあるアナーガリカ・ダルマパーラ（1864-1933年）の胸像は、19世紀に、主として西洋の賛同者からはじまった仏教の革新運動を記念する。

各国の仏教運動

一八九七年——すべての大宗教の代表者がはじめて意見の交換のためにあつまったシカゴの万国博覧会の四年後——西洋における最初の仏教団体として「マハーボーディ・ソサエティ（大菩提協会）」のアメリカ支部が設立された。ドイツでは一九〇三年、イギリスでは一九〇七年に最初の仏教結社が設立された。イギリスでは早くに、仏教に対して広い視野をもち、さまざま宗派を統合してひとつの新しい流派、すなわちナヴァヤーナ「新しい乗り物」を創設しようとする動きもあった。アメリカでは、東アジアの仏教との結びつきがとりわけ強かった。それは、基本的には、一八六〇年代以降に中国および日本からの安い大量の労働力（鉄道建設）が流入したこと、またすでに日本から浄土真宗が布教していたハワイ諸島がアメリカに併合（一八八八年）されたことなどで説明されるであろう。

テラヴァーダ〔上座部〕がアメリカでまだほとんど知られていないとき、ドイツの研究者や仏教に身を投じた活動家たちは、もっぱらこの流派に没頭していた。そして一九二四年、ゲオルグ・グリム（一八六八—一九四五）とカール・ザイデンシュテュッカー（一八七六—一九三六）は、テラヴァーダの育成を目指してアンメルゼー湖畔のウティングに「ドイツ仏教協会」を、パウル・ダールケ（一八六五—一九二八）は、今日なお活動をつづけるベルリン・フローナウの「仏教の家」を設立した。西洋出身の最初の仏教僧は、一九〇二年ビルマで得度したイギリス人アラン・ベニト・マグレガー

図4　1894年以来、アメリカ版およびドイツ版で広く流布し、西洋で大きな影響力をもつ書『仏陀の福音』の挿絵のブッダ。1919年にオルガ・コペツキーによって描かれたこの挿絵では、ブッダはアールヌーヴォーの主題とされている。図像学的に見れば、キリスト像にならっていることは明らかである。

（一八七二―一九三三）であった。彼にならってドイツのヴァイオリン奏者アントン・ゲート（一八七八―一九五七）は、同じくビルマで得度し、ニャナティロカ・マハーテラと名のってスリ・ランカに向かった。一九一一年彼は、ドダンドゥーワ沖の小さな島に僧院を建て、西洋から多くの仏教徒を引き寄せた。そのなかには、一九三六年に得度し、ニャナティロカ同様、テラヴァーダ仏教に関する多くの重要な著述をなし、後には独自の出版社「仏教徒出版協会」を設立したニャナポニカ（ジークムント・フェニガー、一九〇一―一九八〇）もいた。

第二次世界大戦後

第二次世界大戦後、西洋における仏教徒の数は急激に増加した。そしていまや、これまでほとんど注目されなかったふたつの流派、すなわち禅とラマ教が表に現われ出た。禅仏教には、日本との戦争を通してアメリカ人がまず接触した。一九五八年ジャック・ケロークの著書「ザ・ダムマ・バムズ」が、当時渦を巻いて起った激しい反体制運動に共鳴した人びと（ビート・ジェネレーション）を仏教に近づけた。その後、鈴木大拙のような研究者が、おどろくほど多くの読者を禅の根本に精通させることに成功した。新しい学説で大勢の若者をカリフォルニア大学の彼のゼミナールにひきつけたフリッツ・パールス〔図5〕のゲシュタルト心理学療法にも、禅の明らかな影響をみることができる。このような流れのなかで禅は、――しばしば完全に誤解されて――ヒッピー運動のひとつのライトモティーフとされるに至った。そして六〇年代の末には、ハワイ、サンフランシスコ、ニューヨークなど各地に、さまざまな派の禅センター

図5　フリッツ・S．パールス（1893–1970年）。ゲシュタルト心理療法の創始者のひとり。

図6　ベルナルド・ベルトルッチ監督、キアヌ・リーヴス主演の映画『リトル・ブッダ』の一場面。

が誕生した。なかでも野心的な企画は、一九六八年にサンフランシスコに設立された「中国・アメリカ仏教徒協会」であった。この中国禅の結社からは、その後まもなくカリフォルニア北部に、僧院ゴールデン・マウンテン・ジャーナ・モナステリーを中心とする「一万のブッダ都市」が生まれた。

今日似たような大量の西洋の支持者——そのなかには映画スターのリチャード・ギアやハリソン・フォードもいる——をあつめているのが、近年映画『生きるブッダ』、『リトル・ブッダ』〔図6〕、『クンドゥン』などで一段と注目を浴びたラマ教である。そしてすでに神智学派にとってもチベットは仏教の神秘で不思議の国であったが、雪の国の反乱とダライ・ラマの脱出（一九五九年）が、国際的な同情を巻き起こしたのであった（165頁参照）。多くのチベット僧が西側諸国に亡命し、そこで寺院をはじめさまざまな機関を設立した。ヨーロッパでは、スイスがチベット仏教の中心地となった。とくに活動的だったのは、一九六七年スコットランドの僧院サムエ・リン（ジョンストン・ハウス、ダムフリート）を創設した

図7　ブッタ・ガヤー（北インド）で瞑想する西洋の若者たち。

ゲンヤム・トルンパとアコン・リンポシュであった。さらに、さまざまなチベット宗派の施設が、つぎつぎと築かれていった。そのなかでもコペンハーゲンの僧院は、ハンナーとオレ・ニュダールの熱心な宣教活動で名を馳せた。ドイツでは、ハンブルクのチベット・センターの活躍が際立った。アメリカでは、一九七三年トルンパがコロラド州のボウルダーに「ヴァジュラダートゥ〔金剛界〕」と呼ばれる新しい組織の本部を置いたとき、新たな展開がはじまった。以来そこでは、禅の教え、ゲシュタルト心理学、さらにはその他の西と東のさまざまな要素をチベット仏教と結びつける努力がつづいている。それはまさに、仏教の変わることない寛容さと適応能力を証明するものである。

しかしおそらく支持者の数をもっとも急速に増やしているのは、日本からはじまった「創価学会インターナショナル」（SGI）であろう。それは、一部はその教えの明快さから、しかし一部はとくに熱心な布教活動によっている。

「永遠の生命」と「再生のおわり」

西洋における仏教は、今日の西洋社会がかかえる物質的、あるいは精神的諸問題を克服するためのたんなる一時的な流行現象、大衆を酔わせる理念にすぎないのだろうか。たしかに、そのような面もあるだろう。しかしただ歴史の流れから見ても、それだけで片付けることはできない。というのは、仏教はアジアの数多くの国々、それも独自の高度な文化をほこる国々をも、魅了してきたのである。そしてその魅了の因は、仏教本来の開放的で寛容な包容力、そして何よりもその哲学的説得力にある。しかも仏教の「自己の非実体性」（アナートマン）〔無我〕の理念をふくむ時間と空間への深い洞察は、西洋の自然科学のなかに多くの証明を見出すことさえできるのである。すなわち仏教にあっては、真理と現実が、西洋の哲学が近世の自然科学におけるパラダイグマの転換の影響のもとではじめて試みた方法でもって、はじめから問いつづけられてきたのである。この点に関して興味深いのは、ノーベル賞を受賞したエルヴィン・シュレディンガー（一八八七—一九六一）のような先駆的な物理学者が、仏教の理念を決定論や自由意志と結びつけていることである。

仏教の力を正しく理解しようとするものは、仏教が教条的な真理を主張する宗教ではないということを何よりも知らねばならない。仏教は、神でもグル（教祖）であることも望まず、ただ徹底して、こころの探求の道を歩み、そしてけっきょくは成功したひとりの人間の深い心理的、倫理的経験から生まれたものである。ときには互いにあまりにも違って見えるかもしれない多くの教説のすべては、このひとりの人間のこころの探求の上に築かれているのである。そして西洋的思考になれた人間にとってもっと大切なことは、西洋がつねに「永遠の命」をもとめるのに対し、仏教の東洋は「再生のおわり」を追求するという、根本にある違いを知ることである。

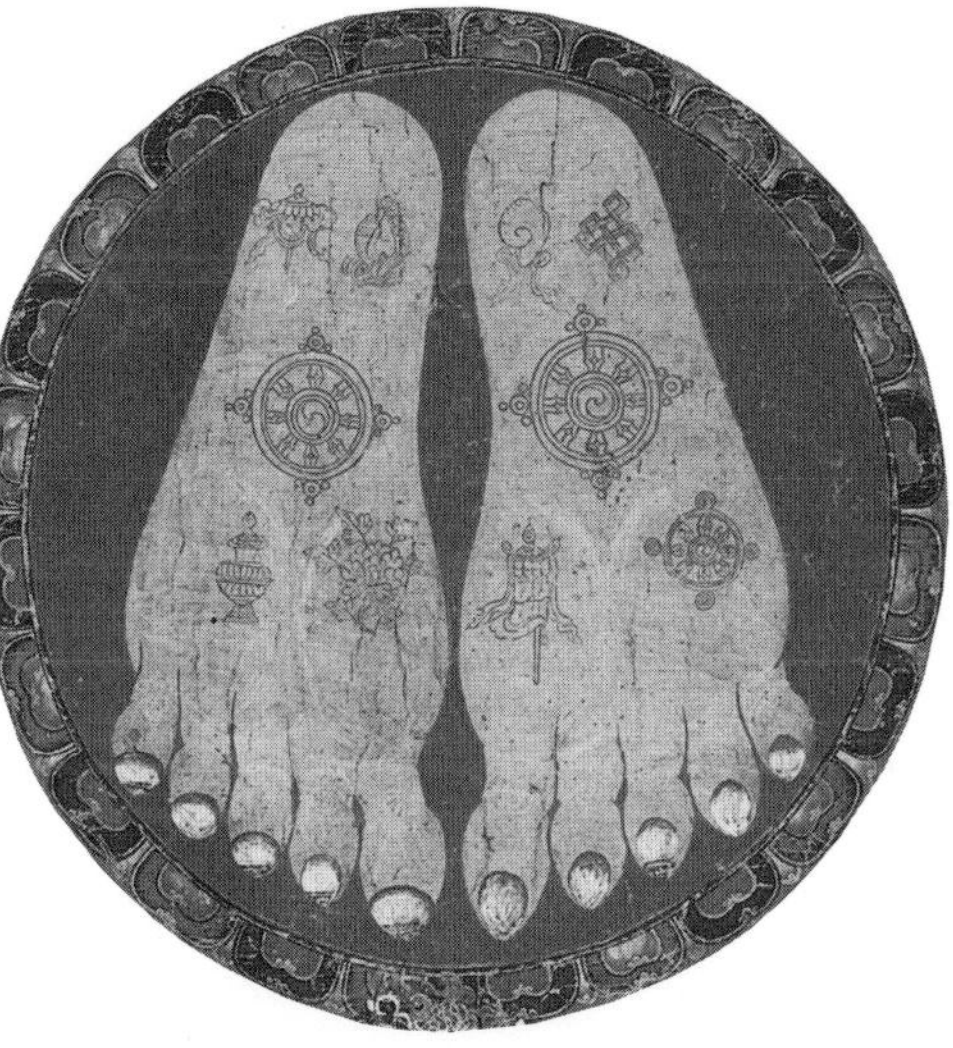

図８　地球をめぐるブッダ。蓮華の円盤の上に載り、法の輪と仏教の幸福のシンボルで飾られた「さとったひと」の足跡。

訳者あとがき

訳者は、古代ギリシア美術史を専攻する者です。その訳者が専攻する美術史の分野では、今日、様式論や図像学偏重を反省して、美術を宗教に似た現象として理解しようとする新しい動きがあります。その際、西洋の美術史家たちは、今日に生きる宗教としてキリスト教を問題にします。しかし日本人である訳者には、それに仏教がくわわりました。すなわち訳者にとって仏教を知ることは、ギリシア美術を理解するための方便だったのです。このような仏教の専門家ではない訳者が、西洋における仏教の入門書として書かれた原書を「若い読者のため」として日本語にしたには、理由があります。

ここでいう若い読者とは、たんに年少の人たちをいうのではありません。そうではなくて、初等および中等教育、さらにはその上の専門分野において、古代中国語（いわゆる漢文）に代わってヨーロッパ語を学んだ人たちのことです。すなわち、東洋的でなく西洋的な思考方法を身につけた人たち、人間を万物の尺度とする個人主義の思想に、あるいはまた神と人間という二元論に、はじめから疑問を抱かない人たちのことです。

ところが、これも訳者自身が経験したことですが、それほどに西洋的考え方に慣れ親しんでいるとはいえ、いざ自分でものを考えようとするとき、わたしたちは、その発想に東洋の思想が、仏教のものの見方が潜んでいることに気づかされるのです。仏教は、わたしたちの心の奥底に生きているのです。それは、けっしてただの「美しい夕ぐれ」（14頁参照）ではないのです。

しかしそのような仏教といえども、漢文ではなくヨーロッパ語を素養とする若い読者にとっては、日本仏教の視野を超えての西洋からの客観的な眺めの方が、より近づきやすく、より理解しやすいのではないでしょうか。ここに、この書を世に出す理由があると考えたのです。ならばこそ、本書のところどころに現われる仏教の現状に対するときには痛烈な批判もまた、ただ「西洋の偏見」と捨ておくことはできないのではないでしょうか。

原書は、西洋における仏教学の解説書です。したがって、パーリ語やサンスクリット語と並んで、キリスト教神学から借用されたことばや概念が多く登場しています。たとえば「神」ということばは、あるときは具体的にヒンドゥー教あるいはボン教の神々（天部）に使われますが、しかしまたあるときは超越的な絶対者の概念を表わします。ですがその区別は、若い読者にはそれほど難しいことではないでしょう。同じことは、「救済」「天使」、「パラダイス」などについてもいえます。そしてここにおのずから、キリスト教と仏教の相違も浮かび上がってきます。これもまた、本書の特徴のひとつです。

これも訳者の経験からいえるのですが、西洋語の文献を読むとき、あるいは西洋語で討論するとき、中国、朝鮮の固有名詞の日本語式呼称が、大きな障害となるのです。それゆえ本書では、わずらわしいでしょうが、そして必ずしも厳密を期しがたいのですが、中国、朝鮮の固有名詞は、可能な限り現地（あるいは国際的に通用する）発音で表記しました。その際、もちろんそれらがわが国の呼称とすぐに結びつくよう、漢字名を併記しました。

また、たとえば漢訳仏典、そしてそれを採用した日本仏教が〔結集《けつじゅう》〕と呼んだブッダの弟子たちの集まりに、コンシールということばが使われ、それが「公会議」と訳されていることには、目を剝くひともいるかもしれません。しかし老子をラオ・ツェとするのに、孔子をラテン語式にコンフーチウスと呼ぶことには、それほど驚かないのではないでしょうか。そしてこのような傾向は、西洋について知る読者には、歓迎されるのではないでしょうか。

原書は、世界仏教についての小さな入門書です。したがって、日本人のよく知っている日本仏教における事物や概念が、ときには別様に使われていること、あるいはその説明が不十分であることに、戸惑いをおぼえるひとがいるかもしれません（たとえば「マンダラ」148頁参照）。しかしそれらも、読者の判断に任せて、ことさらに説明をくわえることなく、あえて原文のままに訳しておきました。

また、最近の研究の成果でしょうか。たとえばマハーサンギカとマハーヤーナとの関係（82頁参照）あるいは仏教とイスラームとの関係（123頁参照）など、従来とは異なるかに見える見解が散見されます。これもまた、そのままに訳しておきました。

翻訳には、可能な限り今日日常に使われている平易なことばを用いるようつとめました。しかし特殊な仏教語には、パーリ語やサンスクリット語、およびその近代語訳につづいて、漢訳仏典に由来するわが国の仏教専門用語を〔　〕で併記しました。

仏教について学ぶ者が、必ずしも仏教の専門家になる必要はありません。しかし知れば同情がわくのも必然でしょうし、ましてや仏教は、日本人の精神形成に大きな役割を果たしてきました。若い読者の中に、この書がきっかけとなって日本仏教の大海に泳ぎだすひとが現われれば、それはすばらしいことです。そのとき、〔　〕に併記されたことばが浮木となればさいわいです。

原書には巻末に索引のほか、簡単な専門用語解説と、最近（一九九九年）までの欧文文献の詳細なリストが付されています。ここでは、索引をより充実させ、専門用語解説と参考リストは省略しました。

ヒ

フ

ヘ

ホ

ネ

ノ

ハ

イ

ウ

エ

オ

索　　引

〔訳者略歴〕
中山典夫（なかやま・のりお）
1971年　東京教育大学大学院修士課程修了
1977年　ドイツ・フライブルク大学学位取得
現在　筑波大学名誉教授
　　　崇城大学芸術学部教授
専攻　ギリシア・ローマ美術史
主要論文　『ギリシア美術とプラトン』、『ギリシア美術と現代』
主要訳書　J.J.ヴィンケルマン『古代美術史』（中央公論美術出版）
〔地中海学会賞受賞〕
E.H. ゴンブリッチ『若い読者のための世界史』（中央公論美術出版）

若い読者のための仏教 ©
フランク・ライナー・シェック
マンフレート・ジェルゲン
平成十九年三月一日初版
平成十九年三月十日発行
訳者　中山典夫
発行者　小菅勉
編集　竹林舎
印刷　製本　凸版印刷株式会社
中央公論美術出版
東京都中央区京橋二―八―七
電話　〇三―三五六一―五九九三

ISBN 978-4-8055-0531-1